ロシアビジネス
成功の法則

三菱UFJリサーチ&コンサルティング株式会社
畦地　裕
Yutaka Azechi

社団法人ロシアNIS貿易会
岡田 邦生
Kunio Okada
芳地 隆之
Takayuki Houchi
中居 孝文
Takafumi Nakai

税務経理協会

目次

第二章　なぜいま、ロシアなのか？　成長を続けるロシア経済の最新動向

第三章　日ロ経済関係の過去と現在　江戸時代から二十一世紀まで

第四章　ロシアビジネスの成功マニュアルを伝授

第五章　さあ、ロシアとビジネスを始めよう

まえがき

ロシアの経済は、国際石油価格の高騰を背景に、好調に成長を続けている。二〇〇七年上半期の国内総生産（GDP）成長率は、前年同期比七・九％増と高成長を示した。高い成長率は、一九九九年以降九年間続いている。二〇〇七年十二月末現在の外貨準備高は四七四〇億ドルで、世界的に見ても、中国、日本に次ぐ世界第三位の規模である。さらに、原油価格の下落に備えて二〇〇四年一月に設立された安定化基金は、二〇〇七年十二月末現在で一五六八億ドルを数えるに至った。一九九八年八月に債務不履行に陥った頃のロシアの外貨準備高は六六億ドル程度で、さらに当時ロシアは一〇〇〇億ドル以上の債務を抱えていた。ロシアは、近年、IMFやパリ・クラブに対する債務を大幅に繰上げ返済し、二〇〇六年に旧ソ連の公的債務をほぼ完済した。事実上、破産状況にあった一九九八年当時と今とでは、ロシアはまったく別の国であるといっても過言ではなかろう。

一方、二〇〇七年上半期の国民の実質可処分所得は、前年同期比一一・二％、商品小売販売高は、同一四・二％と大幅に増加した。さらに、固定資本投資は同二二・三％と非常に高い成長を示した。ロシア経済は、消費、投資ともに好調で、ここ数年、原油輸出など外需に依存するばかりではなく、内需が牽引する形で経済成長が続いている。特に、個人消費がきわめて旺盛で、ロシアは空前の消費ブームである。モスクワを始めとする大都市では、巨大なショッピングモールが次々に開店し、二〇〇〇ドルを超える高級家電、一万ドルを超える乗用車が飛ぶように売れている。

一方、今のロシアは、一種の「日本ブーム」である。メイドインジャパンは最強のブランドであり、日本の優秀な製品は、生産財市場でも、消費財市場でも、ロシアのいたるところで求められている。新生ロシアの時代になって、インターネットなどを通じ、普通のロシア市民が手にすることができる現代日本の情報ははるかに増えた。Google Russia で「日本」を検索すると、二千万件ほどのヒットがあり、『不思議日本』、『今日の日本』という、日本に関する総合的なものや、自動車、ファッション、旅行など、実用的なものまで、ロシア製の日本情報サイトがあふれている。

日本への関心度を示す一つのバロメーターである日本語を学ぶ学生数も近年、増加傾向にある。かつて、多くのロシア人は、一九六〇年代にソ連共産党機関紙『プラウダ』東京特派員を務めたオフチンニコフの出色の日本論『桜の枝』によって日本に魅了されたが、現代のロシアの青年達は、アニメ、村上春樹の小説、北野武の映画、そして日本製の自動車や家電によって、日本に魅了されている。イルクーツク国立言語大学日本語学科では、日本文化への関心を高める行事の一環として学生による「日本歌謡カラオケ大会」が定期的に開催されるというが、そこで学生が歌う曲のほとんどがネット上の日本製アニメの主題歌で、審査員を務める日本人を含む先生達は「目が点」になるという。もっとも、「ジャパン・クール」への注目度は世界的傾向であると言われるが、ロシアでも同様の現象が見られるのは、ソ連解体後一六年の歳月が過ぎ、ロシアが「普通の国」に変わりつつあることの一つの証左といえるのかもしれない。

こうしたロシアの変化、日本への注目度、そして、近年の好調なロシア経済を背景に、日本企業のロシア市場に対する関心は急速に高まっている。日ロ貿易は、二〇〇六年には前年比三五%増の一三七億ドルを数え最高記録を更新した。モスクワに現地法人や事務所などを置く日本企業の数も、過去数年で急激に増え、二〇〇七年十月現在一六〇社を超えた。

とはいうものの、日本では、かつての社会主義ソ連、また、ソ連解体前後の混乱したロシアのイメージが強く、多くの中堅・中小企業の方々にとって、いまだにロシアは遠い存在であることが少なくない。本書はそうした既存の「ロシアのイメージ」を打破することを主たる目的として企画され、三菱UFJリサーチ&コンサルティングの畦地裕氏と、ロシアNIS貿易会（ROTOBO）の同僚である芳地隆之、中居孝文の四人で執筆したものである。

第一章は「ビジネスチャンスが無限に広がる国・ロシアの今を知る」と題して、岡田が執筆した。やや標準的ではないものの、相互に関係のないさまざまな事象を挙げ、今のロシアの消費市場の大きさや、意外な産業分野の隆盛の度合いを、少し読み物風に仕上げ、読者のロシアに対する先入観を一挙に変えることを試みた。同じくらい否定的なことを挙げる人もいるのかもしれないが、筆者は、本章に書いたとおり、今のロシアはことさら元気で、面白いと思っている。

第二章は「なぜいま、ロシアなのか？　成長を続けるロシア経済の最新動向」と題して、中居が執筆した。本章では、さまざまなデータをもとに、ロシア経済の現状の分析を行い、図表も多用し、事実を明確に伝えることを試みた。一読後、好調なロシア経済の成長のファンダメンタルズを理解いただくことができるはずである。

第三章は「日ロ経済関係の過去と現在　江戸時代から二十一世紀まで」と題して、芳地の協力を得て、岡田が執筆した。シベリア抑留と北方領土問題を主たる原因とする日本人のロシアに対する嫌悪感が、本章の「日ロ小史」や「ロシア人の日本観」の項で触れた事実によって、少しでも低減すれば幸いである。また、今後、初めてロシアにアプローチされる日本の中堅・中小企業の方々の参考として、ROTOBOの事業を簡単に紹介した。

第四章は「ロシア・ビジネスの成功マニュアルを伝授」と題して、芳地が執筆した。ロシア出張・滞在のノウハウから現地法人や駐在員事務所の設立方法まで、また、ロシアの税制からさまざまな会計制度まで、すぐに必要とされる情報を、細かく整理し、詳細に紹介した。

そして、終章、第五章は「さあ、ロシアとビジネスを始めよう」と題して、畦地氏が執筆した。畦地氏には二〇〇三年以来、四年連続して、ROTOBOがロシア企業に対して実施しているコンサルテーション事業に参画願っている。理論にとどまらず、企業の現状に即した実践的な助言の数々は、ロシア人経営者にもきわめて好評である。主として日本企業に対するコンサルテーションを行ってこられた畦地氏がロシアのことを論じるのは、例外的なことかもしれない。しかし、すでに十分なロシアとの経験を持たれているものの、当初、ロシアと全く関係のなかった実務派の日本人コンサルタントが論じるロシア企業、ロシア人経営者論は、類書に例のないものである。すでに日ロ間で事業を始められた企業経営者へのインタビューを含む、畦地氏の目線による本章は、これから初めてロシア企業と接することを試みられる読者の方々にとって、一種の疑似体験ができる興味深い章であろう。

なお、本書中のコラム欄では「ロシア料理　この一品」と題し、五つの料理をご紹介した。やはりソ連時代のイメージのためか、ロシア料理は不味いと思っておられる方が多いが、実は、ロシア料理はとても美味しい。ロシア出張の楽しみの一つは、美味しいロシア料理が食べられることである。出張の際、メニュー選びに苦労されたときは「この一品」を試してみてはいかがだろうか。

十九世紀のロシアの詩人チュッチェフは「ロシアは頭だけでは理解できない、並の尺度では計れない、ロシアだけの特別な体躯がある、ロシアは信ずるしかない」と詠んでいる。ただ闇雲に信じろというのでは、無責任な話であるが、ロシアとのビジネスを考える際、日本人の頭で考え、日本の尺度でのみ測っていては、埒が明かないことも事実であろう。

一方、上述のオフチンニコフは『桜の枝』のエピローグに「日本人は理解しにくい民族だ、というひとがいる。しかし、現実に、日本人の人間関係の『文法』がわかれば、日本人の言葉や風習、思考方法と行動基準がわかれば、日本人ほどその思想、行動の先を読みやすい人間はいない。」（早川徹訳、サイマル出版会）と書いている。錯覚かもしれないが、ロシア人と一緒に仕事をしていて、筆者は時々、この一文の「日本人」を「ロシア人」に置き換えても同じことが言えるのではないかと思うことがある。ロシアとのビジネスは決して簡単ではない。しかし、相手の立場に立ってロシアのパートナーを理解しようと試み、そして最後に相互に信用、信頼することができるような関係を築ければ、日ロ企業間のビジネスは必ずうまくいくはずである。

本書は、日本人にとって、ロシア人は十分に理解しうる、そして信頼しうるビジネスパートナーであるとの視点で書かれている。本書が、ロシアを目指す多くの中堅・中小企業の方々にとって、ロシアを少しでも近しい存在にする一助になれば、幸いである。

二〇〇八年一月

社団法人ロシアNIS貿易会
岡田　邦生

第一章

ビジネスチャンスが無限に広がる国・ロシアの今を知る

1 『フォーブス』版長者番付にロシア人急増

(1) 英国サッカーチームを買収したアブラモヴィッチ以外にも億万長者が続々

米誌『フォーブス』は二〇〇七年三月に、恒例の世界長者番付を発表した。上位一〇〇名のリストには、アメリカ人が三九名で最も多く挙がっているが、なんと、次に多いのがロシア人で一四名であった（図表1－1）。ちなみに、三位はインドの八名、日本は一名も入っていない。

個人別にみると、マイクロソフトのビル・ゲイツが純資産額五六〇億ドルで一位、最近話題のインドの鉄鋼王、アルセロール・ミタルのラクシミ・ミタルは同三二〇億ドルで五位、そして、ロシア人のなかで一位にランクされたのは、英国のサッカーチーム「チェルシー」を買収して日本でも一躍有名になった、ご存知、ロマン・アブラモヴィッチで同一八七億ドル、一六位であった。アブラモヴィッチは、一九六六年十月生まれの四十一歳、二〇〇〇年十二月からは、チュクチ自治管区の知事も務める。ソ連解体後、石油取引で巨万の富を得て、今日に至っている。

ロシア人のなかで六位、全体で四〇位にランクされているのは、オレグ・デリパスカである。デリパスカは、一九六八年一月生まれの四十歳、名門モスクワ大学物理学部出身で、アルミニウム関連のビジネスで成功した。彼が設立し、初代社長を務め、現在もオーナーであるロシア・アルミニウム（ルサル）は、二〇〇七年三月にシベリア・ウラル・アルミニウム（スアル）、スイスの商社グレンコアのアルミニウム部門と合併し、世界最大のアルミメーカーとなった。

(2) 資源分野以外で生まれる億万長者

フォーブス誌の二〇〇七年版世界長者番付一〇〇人に入ったロシア人一四名のほとんどが、石油、ガス、冶金、非鉄金属など、資源分野に関係のある企業を有しており、金融部門を持つ複合企業体も大半は資源関係分野と深い関係にある。図表1―1の別覧には、二〇〇七年二月に発表されたロシアの『フィナンス』誌に掲載の二〇〇七年版「ロシアの億万長者500人」による順位および純資産額なども明示したが、この分析では一位と二位の順位が入れ替わり、ロシア一番の富豪はアブラモヴィッチではなく、デリパスカとなっているなど、微妙に順位と額が異なっている。興味深いのは、一四名のうち、一〇名が一九六〇年代生まれで、ロシアの大企業のオーナーおよび経営陣が非常に若いことが見て取れる。ロシアの新興財閥、寡頭資本家（オリガルヒ）は、ソ連時代の社会主義経済体制から、資本主義経済体制に移行する過程で、資源分野の多くの基幹国営企業が民営化された際に形成された。経営権とともに膨大な国家資産が、当時の支配層に引き継がれたことによるとされるが、現在の億万長者たちが時代を読み、迅速な経営判断を行うことができる有能な人々であったことも疑いない。

実際、『フィナンス』誌に掲載された五〇〇人のリストのうち、米ドル換算で純資産一〇億ドルを超える長者は六一人いるが、そのなかの一〇名は、社会主義時代の「遺産」に頼らず、飲料、食品、通信、小売、保険など、ほとんどゼロから商売を始めた人たちである。二〇〇六年のリストでは、こうした企業家は三人のみであったので、資源関係以外の分野でも好調な企業、有能な経営者が増えていることがわかる。さらに、一番若い一〇億ドルを超える資産を持つ長者は、化学分野の企業を持つ一九七二年生まれの実業家で、五九億ドルを有している。

若い優秀なロシア人実業家にとって、今のロシアは「ロシアン・ドリーム」が体現できる、まさに夢の国なのかもしれない。

図表1-1　フォーブス2007年版世界長者番付100人に掲載されたロシアの14人

	氏名	生年	『フォーブス』誌の評価		『ファイナンス』誌の評価		企業名	主な業種
			順位(世界)	純資産額	順位(ロシア)	純資産額		
1	ロマン・アブラモヴィッチ	1966	16位	187億ドル	2位	210億ドル	ミルハウス・キャピタル	アルミ
2	スレイマン・ケリモフ	1966	35位	144億ドル	8位	121億ドル	ガスプロム/ズベルバンク	ガス/銀行
3	ウラジーミル・リシン	1956	36位	143億ドル	5位	139億ドル	ノボリペツク製鉄所	冶金
4	ウラジーミル・ポターニン	1961	38位	135億ドル	4位	142億ドル	インターロス・グループ	ニッケル
5	ミハイル・プロホロフ	1965	38位	135億ドル	3位	142億ドル	インターロス・グループ	ニッケル
6	オレグ・デリパスカ	1968	40位	133億ドル	1位	212億ドル	ルサル	アルミ
7	ミハイル・フリードマン	1964	45位	126億ドル	6位	138.5億ドル	アルファ・グループ	金融
8	ヴァギト・アレクペロフ	1950	48位	124億ドル	7位	123億ドル	ルクオイル	石油
9	アレクセイ・モルダショフ	1965	54位	112億ドル	9位	112.5億ドル	セベルスタリ	冶金
10	ヴィクトル・ヴェクセリベルク	1957	61位	104億ドル	10位	112億ドル	レノヴァ・グループ	アルミ
11	ウラジーミル・エフトゥシェンコフ	1948	71位	91億ドル	13位	80億ドル	システマ	携帯電話
12	ニコライ・ツヴェトコフ	1960	83位	84億ドル	11位	90億ドル	ニコイル・ファイナンシャル	金融
13	ゲルマン・ハン	1961	86位	80億ドル	12位	85億ドル	アルファ・グループ	金融
14	イスカンデル・マフムドフ	1963	86位	80億ドル	16位	67億ドル	ウラル鉱業冶金会社	鉱業冶金

2 改めて見るとやはりスゴイ　超資源大国ロシア

(1)「大きいことはいいことだ」陸地の八分の一はロシア

世界地図や地球儀を見るとき、まず目に付くのは、ロシアの大きさである。中国、米国、カナダと比べてもはるかに大きい。ロシアは一七一〇万平方キロメートルの国土を有する世界最大の国である。その大きさは、日本の約四五倍、なんと、世界の陸地の八分の一を占めている。そして、国内に一一の時間帯を持ち、最大一〇時間の時差のなかで、一億四二二二万人（世界八位）の国民生活が営まれている。ロシアが資源大国である最大の理由は、この国土の大きさであるといっても過言ではない。たとえば、ロシアの国土の五〇・五％は森林であり、二〇〇五年のロシアの木材輸出は世界全体のおよそ四分の一の量を占めており、ロシアの森林資源の豊かさを示している。また、二〇〇七年八月、海洋学者でもあるチリンガロフ下院副議長が北極点の海底にロシア国旗を立て、プーチン大統領も絶賛したとの報道が耳目を集めたが、北極海に面する五カ国のうち、ロシアは半分以上の領海線を有しており、北極海に眠る石油・ガスなどの資源開発が実現化する際には、ロシアが最も優位な位置に立つことは間違いなかろう。

(2) 豊かなエネルギー資源 ふんだんにある石油・ガス・石炭・ウラン

ロシアのエネルギー資源が豊かなことは、比較的よく知られている。埋蔵量を見てみると、天然ガスが世界一位（対世界シェア二六・三%）、石炭が四位（同一〇・三%）、原油が七位（同六・六%）、ウランが九位（同四%）である。天然ガスの埋蔵量は世界のおよそ三割と驚異的なシェアである。ちなみに、石油、ガス、石炭の三つを合わせると世界のエネルギー埋蔵量の三分の一を占め、ロシアは、米国についで世界二位の地位を占めている。

一方、二〇〇五年の生産量を見てみると石油が四億七〇〇〇万トンでサウジアラビアに次いで世界二位、天然ガスが五九八〇億立方メートルで米国を抑え一位であった。二〇〇四年の数字であるが、石炭生産は一億八九八〇万トンで六位、ウラン生産は三二八〇トンで四位であった。ちなみに、二〇〇四年のロシアの一次エネルギーの生産は石油換算で一一億五八〇〇万トンを数え、世界三位であった。

(3) メンデレーエフの元素周期表にある資源はすべてある!?

エネルギー資源に増して豊かなのは、鉱物資源である。一九世紀のロシアの化学者メンデレーエフは、元素の周期律表を作成したことで名高いが、ロシア人はよく「ロシアにはメンデレーエフの表にある資源はすべてある」と誇らしげに語る。以前は「開発する資金も技術もなければ宝の持ち腐れ」と、話を聞き流す人が多かったのかもしれないが、大規模資源開発プロジェクトが進む最近のロシアの様相は、まさに資源大国の面目躍如である。

主な鉱物資源をみると、埋蔵量で世界二位のものは、鉄鉱石（対世界シェア一七・二％）、白金（同八・三％）、アンチモン（同九・五％）、三位のものは、マグネシウム（同二〇・三％）、タングステン（同六・八％）、バナジウム（同一八・四％）などである。これら以外にも、金が六位（同三・九％）、銅が一〇位（同三・二％）など、世界的にみて有数の埋蔵量を持つ鉱物資源が目白押しである。一方、経済の好調さを背景に、近年、エネルギー資源同様、鉱物資源の開発も順調である。二〇〇五年には、ニッケルの生産が世界一位、ダイヤモンド、白金、タングステンは二位、バナジウムが三位など、ロシアが世界屈指の鉱物資源生産国でもあることは、疑う余地がない。

「ロシアの資源産業は、開発投資が少なく短期的な利益のみを追求している」とか、「経済全体が極度に資源に依存しているため、ロシアは重度の『オランダ病』にかかっている」とかの指摘もあるが、幸か不幸か、圧倒的な資源量の前では、あまり深刻に受け取られないのも事実である。

図表1-2　ロシアの鉱物資源埋蔵量

銅（千t）		ニッケル（千t）		ボーキサイト（千t）		金（千t）	
ロシア	30,000	ロシア	9,200	ロシア	250,000	ロシア	3.5
世界	940,000	世界	140,000	世界	32,000,000	世界	90
対世界シェア（%）	3.2	対世界シェア（%）	6.6	対世界シェア（%）	0.8	対世界シェア（%）	3.9
世界順位	10	世界順位	7	世界順位	12	世界順位	6
アンチモン（千t）		**カドミウム（千t）**		**コバルト（千t）**		**インジウム（千t）**	
ロシア	370	ロシア	30	ロシア	350	ロシア	0.3
世界	3,900	世界	1,600	世界	13,000	世界	6
対世界シェア（%）	9.5	対世界シェア（%）	1.9	対世界シェア（%）	2.7	対世界シェア（%）	5.0
世界順位	2	世界順位	7	世界順位	8	世界順位	4
マグネシウム（千t）		**モリブデン（千t）**		**白金族金属（千kg）**		**レニウム（千t）**	
ロシア	730	ロシア	360	ロシア	6,600	ロシア	400
世界	3,600	世界	19,000	世界	80,000	世界	10,000
対世界シェア（%）	20.3	対世界シェア（%）	1.9	対世界シェア（%）	8.3	対世界シェア（%）	4.0
世界順位	3	世界順位	6	世界順位	2	世界順位	5
錫（千t）		**タングステン（千t）**		**バナジウム（千t）**		**鉄鉱石（百万t）**	
ロシア	350	ロシア	420	ロシア	7,000	ロシア	31,000
世界	11,000	世界	6,200	世界	38,000	世界	180,000
対世界シェア（%）	3.2	対世界シェア（%）	6.8	対世界シェア（%）	18.4	対世界シェア（%）	17.2
世界順位	7	世界順位	3	世界順位	3	世界順位	2

（出所）Mineral Commodity Summaries 2007

3 注目されるロシアの携帯電話市場

(1) 人口より多い加入者数は、中国、米国に次いで世界第三位!

ロシアにおける携帯電話加入者数の増加は凄まじい。二〇〇一年末のロシアの携帯電話加入者数は七八〇万人、その後、加入者は毎年倍増する勢いで増え、二〇〇七年六月末には一億六〇〇〇万人を数えた。わずか五年半で二〇倍を超える加入者数の増加である。ロシアの人口はおよそ一億四二〇〇万人なので、加入者数を示すSIMカードの販売数は、すでに人口を上回っている。

二〇〇六年の数字で比較すると、世界で最も携帯電話加入者数が多いのは中国で四億二〇〇〇万人、次いで米国の二億二〇〇〇万人、そして三位がロシアの一億五三〇〇万人であった。人口は中国が一三億人、米国が三億人であるので、ロシアの普及率は両国をはるかに上回っている。同年、ロシアでは三一〇〇万台、五五億ドル相当の携帯電話端末が販売されたが、国内メーカーがなく、すべてを輸入に依存していることを考えれば、ロシアは世界が注目する携帯電話市場であろう。

(2) 量から質への転換!?

しかし、最近になって、ロシアの携帯電話市場の動きに変化が見られる。二〇〇五年が新規加入者数増大のピークであったこともあるが、二〇〇六年、二〇〇七年と新規加入者数および端末販売台数の伸び率は減少傾向にある。しかし、携帯電話会社の売上高や端末売上額の伸び率は高い水準のまま推移している。二〇〇七年上半期に販売された携帯電話端末の平均価格は二一二ドルと対前年同期比で一一・五％も高くなっている。つまり、今求められている端末は、カメラ、大型ディスプレイ、音楽プレイヤーの機能をもつことは当然ながら、各種メモリーに対応するとともに、四〇〜九〇メガバイト級の内蔵メモリーを有し、さらに、ＧＰＳモジュールを装備するような、新世代型の携帯電話端末である。

実際、二〇〇七年には携帯電話端末購入者の七四％は買換えであろうとされている。二〇〇七年上半期のメーカー別端末販売額の数字を見ると、これまでやや低迷していたソニー・エリクソンが、高級機投入戦略が功を奏し、二三・五％のシェアを獲得し、二八・四％のノキアに次いで、また、二三・一％のサムスンを抜いて、第二位に躍り出た。

(3)　iモードの挑戦　次はモバイルコンテンツビジネスか？

ＮＴＴドコモはロシア最大の携帯電話事業会社ＭＴＳと提携して、二〇〇五年九月からロシアで携帯電話のインターネットサービス「ｉモード」の提供を始めた。ロシアでは、携帯電話の利用が急速に進んでいる一方、モバイルインターネットはサービスが限られ、ショートメッセージの送受信が主体であったことを受けての戦略であった。しかし、ｉモードを利用するために、対応端末の

図表1-3　ロシアにおける携帯電話の利用者数の推移

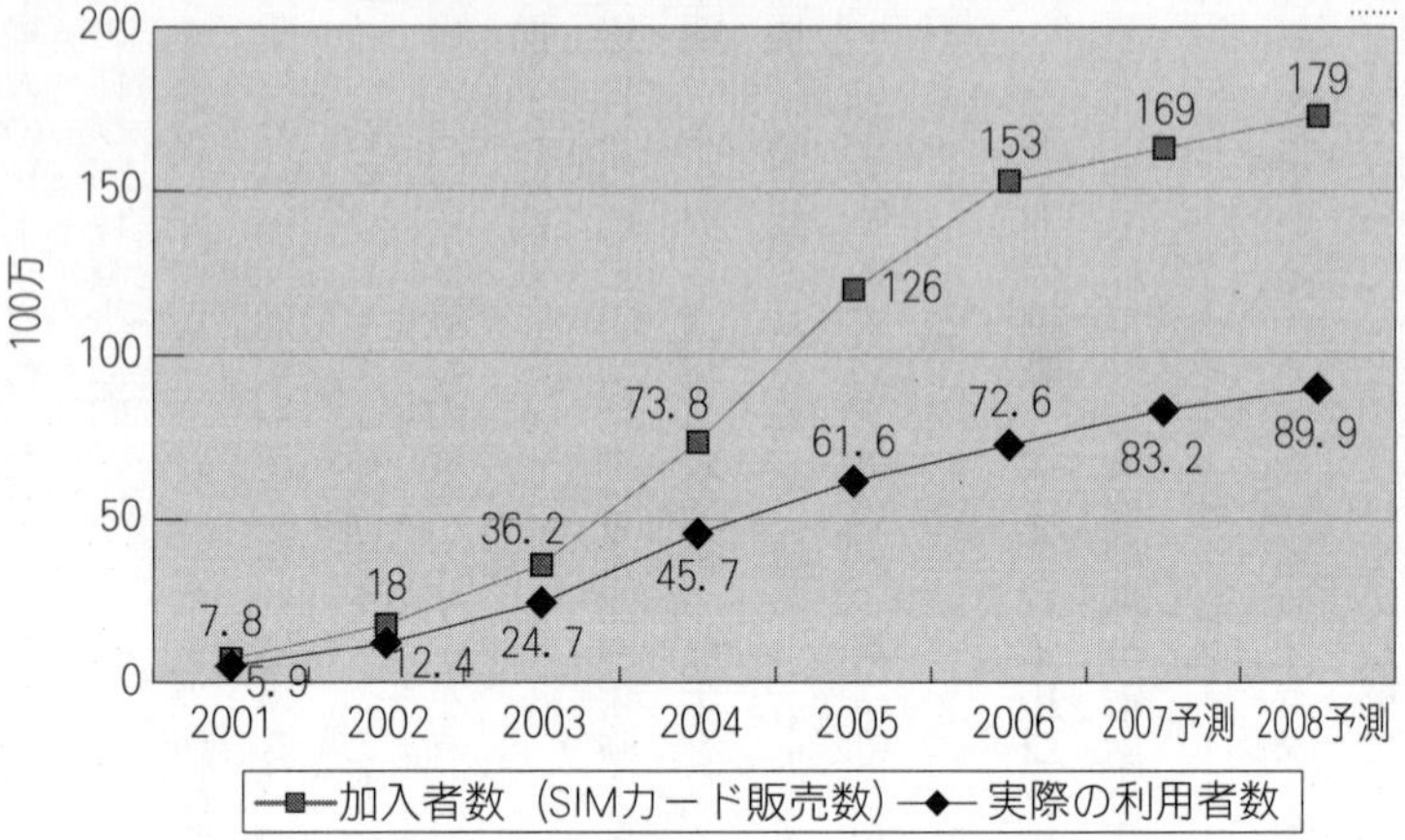

（出所）ロシア「SOTOVIK」社

購入が必要であったこと、その端末の種類が極端に限られていたこと、また、モスクワやサンクトペテルブルグにおいても、データ通信を高速で行うためのインフラが十分でなかったことなどがあり、思ったように利用者は増えなかった。しかし、iモードのような情報と娯楽を一元的に提供できるサービスに対して、携帯電話利用者の四割は好意的に見ており、潜在的利用者はかなりの数に上る。道路の渋滞情報の伝達など、必要とされる情報提供ができれば、高額機種への買換えにもさらに拍車がかかろう。日本企業は、高額端末だけでなく、モバイル用コンテンツでロシア市場を攻めるのも一案かもしれない。

4 過熱するロシア人の海外旅行熱

(1) メディアを賑わす観光広告

モスクワでは五月初旬の連休の頃から、若葉が一斉に芽吹き、街は一気に夏めいてくる。そしてこの頃、新聞や雑誌、テレビやラジオ、そしてインターネット等、あらゆるメディアで「イタリアは貴方の世界各国への第一歩です」、「ウィーンから世界一三〇都市へ」、「アラブ首長国連邦—熱い砂漠のお伽の蜃気楼—」等々、夏の休暇シーズンに向けた航空会社や旅行会社の広告が多くなり、モスクワっ子の会話は、夏休みの過ごし方がメインテーマとなる。もっとも、近年のロシア経済の好調さを背景に人々の暮らし向きは格段に良くなり、ロシア人の海外旅行熱の高まりは、夏だけではなく、四季を通じてのものとなった。たとえば、一昔前までは、ロシアでスキーといえば歩くスキーを意味したが、プーチン大統領がアルペン・スキーの愛好家であり、冬にはゲレンデを滑走する大統領の姿が度々テレビに映し出されることもあってか、近年スキーツアーの伸びも著しい。人気のスキーリゾートはオーストリア、フランス、イタリアであり、シーズンともなるとスキー板を担いだ観光客でモスクワの空港は溢れている。過去四年間でロシア人の海外旅行客の数は五割を優に超える伸びを見せ二〇〇六年には七七五万人に達した。

(2) ロシア人観光客をゲットせよ

旅行先で最も人気の高い国上位三カ国はトルコ、中国、エジプトである。特にトルコの人気は絶大であり、二〇〇六年のロシアからの観光客は一四八万人を数えた。事実、ロシアの街中などで最も目に付く観光広告の看板はトルコのものであり、地中海に面したリゾート地のアンタルヤ国際空港などは、モスクワなどロシア諸都市からのチャーター便で溢れ返っている。

一方、西欧諸国のなかではスペイン、イタリア、ドイツの人気が高く、二〇〇六年、それぞれの国へ二三万～二五万人のロシア人観光客が訪れた。特にイタリアは、あらゆるメディアを通じて大規模な広告を行い、さらに、利便性と経済性の高いチャーター便を数多く確保するなど、積極的なロシア人観光客誘致政策を実施した結果、この数年でロシアからの観光客の数が大幅に増加した。国連世界観光機関の統計によると、ロシアの二〇〇五年の国際観光支出は前年比一三・二％増の一七八億ドルで、世界第九位にランクされており、今後、さらに急速にその地位を上げていくであろうと予測されている。トルコやイタリアなど、上記の国々が、各種メディアへの広告などに多額の予算を使って、ロシア人観光客招致に血眼なこともうなずけよう。

(3) 富裕層子弟向けのプチ留学コースの人気も上々

一方、ロシアの富裕層では、子供たちを英国などヨーロッパ諸国のサマースクールに送り込むというツアーも人気を博している。そこでは、英語などの語学研修に加え、テニスやゴルフ、乗馬

観光客で賑わう年末のモスクワ・シェレメチボ空港（筆者撮影）

やダイビングなどのスポーツ研修もでき、さらに近郊への小旅行なども可能であるという。ある会社の案内によると、英国でのコースの一週間あたりの滞在費は日本円にして一二万〜二三万円、標準コースは約一カ月であるので、決して安くはないが、年々参加者は増えている。

ちなみに、二〇〇六年に日本を訪れたロシア人観光客は二万三〇〇〇余名で、欧州の人気国の一〇分の一の規模である。日本へのロシア人観光客の数も近年増加傾向にあるが、査証の取得が難しいこと、平均的なモスクワからのツアー料金が四五万円程度と比較的高額であることなどが、大幅に人数が増えない原因であるという。しかし、ショッピング、グルメ、温泉と、ロシア人にとって日本観光の目玉はたくさんある。観光業界を始めとする日本の関連業界にとって、「宵越しの金」をもたないロシア人観光客の招聘は、大きなビジネスになろう。

5 ハリウッドを追撃　映画産業の復権

(1) ソ連解体後、アメリカ映画に席巻された映画館

一九九一年十二月のソ連解体後、人々は映画に行く余裕などなくなり、映画館の灯は消えたようになった。ソ連時代、全国に一万のスクリーンを数えた映画館の大半は閑古鳥が鳴き、朽ちるに任せるといった状況であった。その後、社会が少し落ち着きを取り戻すと、ソ連時代に西側映画の上映が制限されていたこともあり、生き延びた映画館ではハリウッド映画のみが上映されていた。一九九〇年代、映画館の売上の八〇％はアメリカ映画によるものであった。こうして、エイゼンシュテイン、タルコフスキー等世界的に著名な監督がメガホンを振るったロシア映画産業は消滅したかのようであった。一九九四年にミハルコフ監督の『太陽に灼かれて』がアカデミー賞外国語映画賞を受賞したが、この作品さえもロシアで人々の話題になるのはビデオになってからで、人々を映画館へ誘うには至らなかった。

(2) 続出するヒット作品

こうしたロシア映画産業の冬の時代に風穴を開けた作品が、二〇〇四年にロシア国内で大ヒット

したチムール・ベクマンベトフ監督の『ナイト・ウォッチャー』である。主人公のバンパイアたちが、モスクワを支配しようとする巨悪に超能力で立ち向かうという、ロシア初の本格的なファンタジーアクションで、まさにロシア版ハリウッド映画ともいえる作品であるが、全国で上映が開始されるや、瞬く間に一六〇〇万ドルを売り上げ、『ロード・オブ・ザ・リング　王の帰還』の一三〇〇万ドルを抜き、ロシアにおける映画興行売上記録を塗り替えた。ちなみに、二〇〇三年までのロシア映画の売上記録は二〇〇三年のミハルコフ監督の『シベリアの理髪師』の二六〇万ドルであったので、そのメガヒット振りは明らかであろう。その後も、二〇〇五年二月公開の『トルコの捨て駒』、四月公開の『五等文官』は、いずれも人気作家ボリス・アクーニンの歴史探偵小説を原作とする純国産のロシア映画だが、『ナイト・ウォッチャー』を上回る人気で、次々と国内興行記録を更新する大ヒット作品となった。また、九月に公開されたフョードル・バンダルチュク監督の『第九中隊』は、一九八八〜一九八九年のソ連軍アフガニスタン撤退時の様相を描いたものであるが、娯楽作品だけでなく、こうした社会性の強い、また、ソ連時代の負の遺産を真正面から描いた作品が話題になるのも、ポスト・ソ連時代のロシア社会の成熟性の表れでもあろう。同作品は二六〇〇万ドルの売上を記録した。

(3)　ハリウッドにも進出

ロシアの映画市場での年間売上は一九九九年には一七〇〇万ドル、そのうちロシア映画の占め

モスクワの街中に掲げられた『第九中隊』公開前の大看板（筆者撮影）

る割合は一%程度であった。しかし、二〇〇六年には年間売上は四億一二〇〇万ドル、うちロシア映画の割合は二五%である。売上、割合ともに二五倍の伸びである。人口五〇万人を超える都市では、いくつものホールを持つ、大規模なシネマ・コンプレクスの開館が相次いでいる。およそ三億人とされるロシア語人口であるが、ロシアの映画産業界は、当然、近隣のウクライナやベラルーシ、さらに旧ソ連圏のコーカサス、中央アジアも視野に納めたマーケティングを行っている。また、世界のさまざまな映画祭で高い評価を受けた『ナイト・ウォッチャー』は、20世紀フォックス社が配給権を獲得し、米国を皮切りに、世界中で一般公開され、三四〇〇万ドルを売り上げた。続編である『デイ・ウォッチャー』も、二〇〇六年のロシアにおける売上トップの作品となり、世界全体でやはり三四〇〇万ドルを売り上げた。

ところで、ロシアでは日本映画の人気も上々で、最近では、北野武監督の評価が特に高いが、ロシア映画の復権に便乗して、邦画コンテンツをロシアに積極的に輸出するビジネスはどうだろうか。

6 大型書店の開店ラッシュ　盛況の出版・書籍販売ビジネス

(1) 国民の活字への飢餓感を捕らえ大成長したトップ・クニーガ社

「ロシアの時代になって、人々は本を読まなくなった」という声がある。実際、一九八〇年代には約五万点であったロシアの年間書籍発行点数は、ソ連崩壊直後の一九九二年には二万九〇〇〇点にまで減少した。しかし、その後、年を追うごとに回復し、二〇〇五年には九万六〇〇〇点とソ連時代を大きく上回る数字を記した。

一九九五年にシベリアのノボシビルスクで産声を上げた「トップ・クニーガ」社は、この一〇余年で大成長を遂げ、現在ロシア全国の一八〇都市に四四三店舗を有し、月間三〇〇万冊の書籍を販売する業界最大手の一つに成長した。同社は、二〇〇七年、二〇〇八年の二年間に一億ドルの投資を行い、店舗数を一〇〇〇店に増やし、年間売上高五億ドル、書籍販売市場占有率一五％を目指し、二〇〇九年にはロンドン証券市場で株式公開を目指すという野心的な計画を実行中である。

トップ・クニーガの成功は、ソ連解体後、国民が本を読む余裕などなかった一九九〇年代初頭に書籍関連のビジネスを始めた現社長が、潜在的な国民の活字への飢餓感を確実に読み取り、ロシア初の全国規模の書籍の卸売りネットワークや、インターネットによる書籍販売、大型店舗網の拡充と、次々と時代の先を行く経営を行ったからである。

(2) ミリオンセラーの人気作家も続出

地方も含め、幾つかの書店を回ってみると、ソ連時代とは打って変ってあらゆるジャンルのさまざまな書籍が並んでいる。経済書では、欧米の著名な学者の翻訳、加えてロシア人研究者によるマネジメントやマーケティングに関するものが目に付く。歴史書では、スターリンやブレジネフに関するもの、ペレストロイカの時代を語るもの等、ソ連時代から今日までの現代史を新たな視点で見直す作品や回顧録が数多く並んでいる。一方、『何もしないでお金を儲ける方法』という類のハウツー物、さらに、占い、健康、旅行、趣味等の実用書も豊富である。もちろん、『ハリー・ポッター』のように、世界中で読まれている文芸書も揃っている。そして、ロシアの時代になってから、数多くの人気作家が生まれたことも、出版・書籍ビジネスを後押しした要因として特筆されよう。

最も人気のあるジャンルは推理小説である。二〇〇四年一年間の発行部数が一八〇〇万部を数えたとされるダリヤ・ドンツォーヴァを筆頭に数多くの人気作家が生まれた。「悪人」のペンネームを持つ人気作家ボリス・アクーニンは、三島由紀夫などの翻訳も手掛けた日本文学研究者であるが、ロシア版シャーロック・ホームズとも評される氏の歴史探偵小説は、一九世紀末のロシア作家の典雅な文体を受け継ぎ、歴史的教養に裏打ちされた時代設定がなされ、さらに現代ロシア社会の矛盾点に独特の手法で切り込むなど、それまで「低俗なジャンル」と考えられていた探偵小説のイメー

モスクワの老舗大型書店「ドム・クニーギ」。ハリーポッターの宣伝も見える（筆者撮影）

ジを一新し、国内で絶大な人気を誇っている。

(3) 村上春樹もベストセラーに

出版・書籍販売ビジネスのなかでも日本ブームは健在で、経済書のなかでは、表紙に「カイゼン」と大きく書かれたものなど、日本式経営手法を伝える本が多く出版されている。また『折り紙』、『日本の城』といったものや、北方領土問題に関して論じた本も並んでいるほか、武道関係、日本食関係のものも多い。さらに、近年、村上春樹の作品が絶大なる人気を博しており、比較的大きな書店では数多くの作品が平積みにされている。ウェブ上には「村上春樹の世界」というサイトがあり、「人生観が変わった」など、熱烈なファンの書き込みがある。映画同様、書籍の分野でも、日本のコンテンツ、そして、高速・高画質の高性能印刷機の売り込みなどはいかがであろうか。

7 スポーツ大国復活

(1) 国家の威信を背負ったアスリートたち

ロシアは、ソ連時代には、国家の威信をかけて、制度的に各種競技で優秀な選手を育て、スポーツ大国として世界に知られていた。事実、ソ連は初参加した一九五二年のヘルシンキ（夏季）から、連邦解体後、旧連邦構成共和国の混成チームで最後に参加した一九九二年のアルベールビル（冬季）、バルセロナ（夏季）まで、参加したすべてのオリンピックにおいて、国別メダル獲得競争で常に一位か二位であった。選手には、さまざまな特権があり、恵まれた環境で練習ができ、各種大会へも国の全面的な補助によって参加し、オリンピックに備えた。そして、オリンピックでメダルを取ると、一生生活に困らない待遇が約束されていた。しかし、ソ連という国とともに、ステート・アマと呼ばれた国を挙げての選手養成制度も解体し、経済的な見返りも期待できず、多くの優秀なアスリートが選手生活を断念し、独立した旧共和国の選手は、混乱のなか、ロシアを後にした。

(2) ステート・アマから賞金王へ　世界最強のロシア女子テニス選手

一方、競技によっては、外国のチームに移籍して、ステート・アマではなく、本当のプロとして活躍し、自らの手で栄光と名誉を手にしようとする選手たちもいた。なかでも、世界選手権、冬季オリンピックを何度も制したアイスホッケーのソ連ナショナルチームの選手は、プロリーグの最高峰とされるＮＨＬ（北米のプロアイスホッケーリーグ）を目指し、多くの選手たちがアメリカン・ドリームを体現した。ＮＨＬでは、今でも六〇名以上のロシア人選手が活躍している。

オリンピックの金メダルではなく、プロとして賞金王を目指す人々のなかで、ロシアで最も注目を集めているのがテニスプレーヤーである。ソ連時代は決してメジャーな存在ではなかったテニスであるが、米国などへのテニス留学も可能になり、一流選手が続出している。二〇〇七年九月一〇日現在、世界ランキングのベストテンに男子ではダビデンコが四位につけるのみであるが、女子は日本でも大人気のシャラポワが四位、二〇〇七年九月のＵＳオープン準決勝のロシア人対決の勝者クズネツォワが二位、惜敗したチャクベタゼが五位、そして八位にペトロワと四名のロシア人選手が名を連ねている。ベストテンの選手を国別に見るとロシア四名、セルビアと米国が各二名、ベルギーとフランスが各一名であるので、ロシアの女子テニス選手の活躍は驚異的と言えよう。

(3) 格闘技大国ロシアの面目躍如　相撲、Ｋ-１、ボクシングで活躍

格闘技大国でもあるロシアには、日本で「Ｋ-１」や「プライド」などで活躍する選手も多い。また、大相撲には、二〇〇七年九月場所時点で、小結まで上がった露鵬以下六名のロシア人力士が在籍しているが、大半はオリンピックでレスリングの金メダルを目指した元レスラーである。モンゴル

モスクワで開催されたWBO（世界ボクシング機構）認定世界スーパーヘビー級タイトルマッチ「イブラギーモフVSホリフィールド」の街頭広告（筆者撮影）

勢に次ぐ勢力であるが、旧ソ連出身者を含めれば一〇名になる。さらに、驚くべきは、プロボクシングの世界である。二〇〇七年八月七日現在、ＷＢＣ、ＷＢＡ、ＩＢＦ、ＷＢＯの世界のボクシングの四大団体のヘビー級の四人のチャンピオンは二名がロシア人、残り二名はウクライナ人とウズベク人と、すべて旧ソ連出身者である。二〇〇七年一〇月、ＷＢＯのロシア人チャンピオン・イブラギーモフは、米国の伝説のボクサー・ホリフィールドをモスクワに迎え撃ち、三対〇の大差の判定で勝利を収め、王座を死守した。

二〇一四年のソチ・オリンピック（冬季）も決まり、経済の安定を背景に、民間企業などの支援も受け、多くの競技で「強いロシア」が復活している。

街角のモスクワ860周年祭のポスター
「モスクワはスポーツの街」の言葉と共に美人アスリートの勝利の微笑（筆者撮影）

8 世界最大級の高級車市場

(1) 飛ぶように売れる高級車　日本の対ロ輸出の大半は乗用車

日本から初めてモスクワを訪問する人が驚くことの一つは、いたるところで車が大渋滞していることである。立体交差の道路、片側五車線もある大環状道路など新しい道路の建設も進み、古い道路も整備や拡張工事が行われているのだが、とにかく車の数が多い。そして、自らの車窓から眺める車の中にある高級車の割合たるや、東京の比ではないと言っても過言ではない。実際にモスクワには日本や欧米の高級車の大型サロンが次々と開店し、人気車種は常に数カ月待ちの状況であるという。

一方、ウラジオストクやハバロフスクを初めて訪れる人は、街に往来する車のほとんどすべてが日本車であることに驚く。日本から輸入された右ハンドルの中古車が大半であるが、一昔前の車検切れ直前のボロボロの中古車ではなく、型式も新しい立派な中古車である。

事実、ソ連解体後のロシアにおけるモータリゼーションの勢い、特に経済成長を背景とする近年のそれはすさまじい。二〇〇六年の乗用車の販売総数は二〇九万台を数えたが、そのうち、外国新車（輸入新車と国内組立の外国車）は一〇二万台と初めて純国産車の販売台数（七六万台）を上回った。ちなみに、二〇〇二年の外国新車の販売台数は一一万台であるので、四年間で一〇倍近く伸びたということになる。一方、二〇一〇年のロシア乗用車市場は三〇〇万台規模になると予測されているが、これは、欧州のなかでドイツに次ぐ市場規模である。

極東のみならず、ロシア全土で日本車に対する人気は高く、ここ数年、日本のロシア向け主要輸出品目のなかで自動車の占める割合は、年々高くなっている。二〇〇六年には、対ロ輸出の実に七四・四%が乗用車であった。日本の乗用車輸出全体におけるロシア市場の割合も近年急速に伸びており、二〇〇六年には対前年比五七%増の二四万台で、ロシアは米国、オーストラリアに次ぐ大市場となっている。また、ロシアでは、トヨタのランドクルーザーやレクサスなどの高級車の販売が好調なことも特徴である。

(2) 世界の主要自動車メーカーが揃って工場建設

こうした状況を背景に、欧米の主要な自動車メーカーは比較的早くロシア進出を決め、フォードやルノーは二〇〇二年から現地生産を始めていた。そして、やや遅れてではあるが、日本の自動車メーカーもこのところ相次いでロシア進出を決めている。口火を切ったのはトヨタで、二〇〇七年十二月からまずは年間五万台の規模で「カムリ」の生産を開始した。トヨタに続いて、日産、スズキも進出を決め、それぞれ二〇〇九年の工場稼動を目指す。さらに、二〇〇七年十二月、三菱自動車もロシアで乗用車工場を建設することを正式に決定した。

モスクワの中心街を滑走する高級車（筆者撮影）

ロシアでは、現地生産を行う外国の自動車メーカーに対して工業用組立て部品の輸入関税上の特典を付与しているが、現地での著しい需要増に加え、この特典がメーカーの進出を後押ししている。ところで、日本の三社が進出を決めたのは、サンクトペテルブルグであるが、すでに米ジェネラル・モーターズの進出も決まっており、十八世紀初頭にピョートル大帝が築いた古都は「ロシアのデトロイト」の異名をもつに至っている。人気の秘密の一つは、市の「外国プロジェクト委員会」が、自動車メーカー誘致のために、いわゆる、ワンストップショップの体制で、すべての許認可事項を一元的に捌いていることであろう。このようにロシアの投資環境は確実に好転している。

自動車メーカーに続いて、近年、欧米のタイヤや自動車部品メーカーの進出も相次いでいる。今後もロシア自動車市場が拡大傾向にあることは疑いないが、カーナビ市場の創出、都市部での立体駐車場の整備など、自動車関連のビジネスチャンスは限りなく大きいと言えよう。

9 絶好調の建設・不動産業界

(1) 高級マンション、大規模商業施設が林立

ロシアで今、一番元気な産業は建設産業かもしれない。特にモスクワでは、あらゆる建物が不足気味で、それらに対する需要が凄まじく、街中が建設ラッシュの状態である。国民の生活水準の上昇によって、住宅需要が大幅に高まり、そして、建設される住宅はますます高級化している。トップクラスの高級マンションの価格は平米あたり三万ドルというから驚きである。さらに、近年の高い経済成長によって、企業収益も上がり、投資案件も増え、これが住宅建設に加え、建設需要のもう一つの源泉になっている。実際に、高級かつ大規模な事務所用ビル、ホテル、ショッピングセンター、娯楽・体育施設などが続々と建設されている。

たとえば、モスクワでは、事務所スペースが足りないことが深刻である。二〇〇六年末には、外国企業が入るようなAクラスの事務所では空き率が一・二%と極端に少ない上に、賃貸料も対前年比一八%上昇し、年間平米あたり八五〇ドルとなり、欧州ではロンドンに次ぐ高い水準である。よって、ロシアの商業不動産への外国投資が急増し、二〇〇五年の一四億ドルから、二〇〇六年には四〇億ドルと大幅な伸びを示した。そして、二〇〇七年には投資額は五〇億ドルに達すると見込まれ

ている。

(2) 世界最大級の副都心建設計画

首都モスクワでの巨大建設計画は枚挙に暇がない。その際たるものは、モスクワ川河畔に展開される新副都心「モスクワ・シティ」の建設である。すでに、二〇〇八年の完成を目指して、九三階建てと六八階建ての二棟からなる「フェデレーション・タワー」の建設が進んでいるが、二〇一二年には一一八階建ての「ロシア・タワー」も完成する予定である。こうした高層ビルの建設に加え、国際会議場、橋、マンションなどの建設も含まれるこの計画は、開発総面積は二五〇万平方メートルの一大プロジェクトである。さらに、ドモジェドヴォ空港の南部に五〇万人が住む新都市を建設する計画もあるという。しかも、こうした新都市建設計画はモスクワのみならず、レニングラード州、チェリャビンスク州でも具体的な計画がある。そして極めつけは、ソチである。二〇一四年の冬季オリンピック開催地に正式に選ばれ、一二〇億ドルを投じるとした連邦特別計画は現実のものとなった。端的にいえば、二〇一四年までに都市を一から作り直すような計画であるという。

また、モスクワ・サンクトペテルブルグ間の高速道路「キャピタル」の建設に八〇億ドル、ロシア統一電力機構が推進するインフラ整備計画に八〇〇億ドルと、公共建設の分野でも大規模投資計画が目白押しである。

(3) セメントが足りない。建設資材の需要も大幅に上昇

建設需要の大幅な伸びに従って、セメント、コンクリート、レンガ、断熱材、塗料などの建設材料も不足が深刻である。たとえば、セメント市場はここ数年、年率八〜九%の伸びを示してきたが、この傾向は、二〇〇六年にはいっそう強くなった。ロシアにおけるセメント市場の規模は二〇〇五年には四五八〇万トンであったが、二〇〇六年には五二二〇万トンへと一四%の伸びを示した。二〇〇七年には五七〇〇万トン程度の生産が予測されているが、建設需要は今後も速いテンポで伸び続け、二〇一〇年にはセメント需要は九〇〇〇万トンに達するとされる。ロシアのセメント工業の生産能力は需要に追いつかない状況である。

ロシアの建設市場は外国企業にも十分解放されており、すでに多くのトルコや欧州の建設企業が進出して、莫大な利益を上げている。ロシアでは日本の建設会社がもつ、比較的短い工期で、高品質な高層建築物を立てる技術、また、都市部の高架道路の建設技術、製鉄所の高炉から発生したスラグを利用した高品質の高炉スラグセメントの製造技術など、日本の誇る建設技術に対する期待は大きい。

モスクワ市内の高級マンション群（筆者撮影）

10 日本ブーム到来　日本企業にとって千載一遇のチャンスか？

(1) 元来、日本贔屓のロシア人

ロシアでは、ソ連時代から日本通と呼ばれる人たちがいて、柔道を初めとする武道、茶道、華道、書道などの伝統文化、三島の文学、黒澤の映画と、日本に対する関心は決して低くなかった。やはりソ連時代のことであるが、モスクワの国際貿易センターに「さくら」という日本料理店があった。モスクワで、否、ロシアで唯一の日本料理店とされ、日本のビジネスマンが、商談の際にロシア人のお客さんを招待して一番喜ばれるレストランであった。もっとも、招待される人は、当時の国家独占貿易を支える貿易公団に勤務する一部の「特権階級」の人々が大半であった。

ソ連解体後、日本を含む外国に対するアクセスが格段によくなったこともあってか、一九九〇年代半ば以降、日本のものを目にする、または手に取る人の数は格段に増えた。その頃、日本通で商才のある人たちが、日本の電化製品や車を販売し、日本レストランを始めるようになった。折からの市場経済化の波に乗って、こうしたビジネスは一定の成功を得た。しかし、それでも、当時のロシアにおける社会・経済の変化に翻弄される大半の国民にとっては、日本のものは高嶺の花で、金持ちという新たな特権階級に限られたものであった。

しかし、近年の日本ブームは、これまでのように一部の人に限られたものではない。好景気を背景に、人々は金銭的に豊かになり、生活にも余裕が生まれ、多くのロシア人に、文化や伝統に見られる精神的な日本、そして、製品やグルメに見られる物質的な日本に対して、大いなる興味が生まれた。

(2) モスクワの日本料理屋の数はロンドン、パリを上回る

「ロシア人は食に対して保守的」との声をよそに、いまや、モスクワの日本料理店の数は三〇〇件とも四〇〇件とも言われている。日本料理店ではないものの、寿司などの日本食メニューが数多くあるレストランもあり、正確な数字はわからないが、ロンドンやパリの数字を上回るというから驚きである。日本食ブームの火付け役は、居酒屋風チェーン店「ヤキトリヤ」の成功であろう。第一号店は一九九九年にモスクワにオープンしたが、これまでの日本料理店イコール高級レストランのイメージを覆し、老若男女、誰でもが入れる雰囲気の店構えと値段で、大ブレークした。メニューは、焼き鳥だけでなく、寿司から焼きそばまで、さまざまな日本料理が揃っている。ヤキトリヤは、現在では、モスクワ市内および郊外に二六店舗を構えており、日本の食材や土産物、化粧品などを扱うミニスーパーを併設したり、出前サービスを行ったりしている店もある。そして、地方においても、日本食を出すレストランの数は確実に増えている。

大成功の「ヤキトリヤ」(筆者撮影)

(3)「メイド・イン・ジャパン」は最強のブランド

料理以外にも、自動車や電化製品などの耐久消費財、食器や化粧品などの日用品、さらに、映画、小説、アニメ、モードなどのソフトも含み、あらゆる日本のものが求められている。もの珍しさだけではなく、高品質、革新性、機能性、美しさなどに現れる「日本の様式」そのものが受けているといっても過言ではない。しかし、一方では、歴史的に欧州の企業との関係が強いこと、また、韓国や中国の企業が非常に積極的であることもあり、多くのロシア人は、日本企業はロシアに対して消極的であるとの印象をもっている。

現在のロシアにおける日本ブーム、

ロシア語で「スシ」の看板、仕切りには竹（筆者撮影）

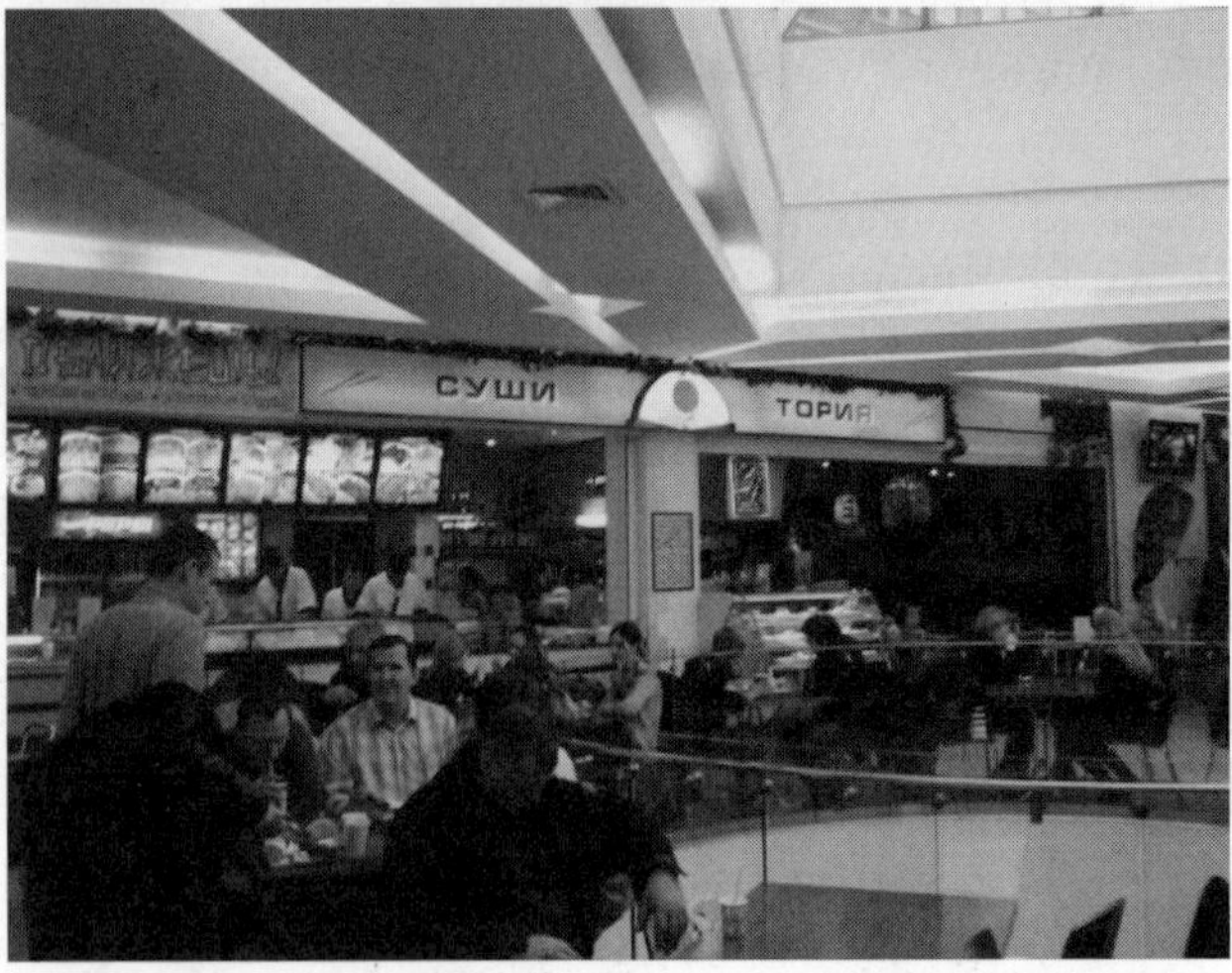

二匹目のどじょうを狙う「スシトリヤ」も大繁盛（筆者撮影）

昔からのロシア人の日本製品への信頼の高さは、日本企業がロシアでビジネスを行う際の、最大の武器である。「メイド・イン・ジャパン」は最強のブランドであり、そしてそれは、消費財だけではなく、生産財の分野においても同じである。もちろん、日本製のものであれば何でも、いくらでも売れるというわけではない。また、いつでも「日本流」が受け入れられるということでもない。しかし、メイド・イン・ジャパンのものを巨大でリッチなロシア市場に売るということだけではなく、石油・ガス開発などの資源産業、冶金、化学などの工業分野、そして発電所や道路建設などのインフラ整備等々の分野で、日本の有する省資源、省エネルギーの技術を含む、高度な生産技術、プロジェクト管理能力が求められている。また、大企業のみではなく、技術力を誇る日本の中堅企業の進出への期待が大きい。「日本」が熱い今こそが、ロシア進出の最大のチャンスであろう。

ロシア料理　この一品　①

ボルシチ　Борщ

ロシア料理にあまり縁のなかった方々も、恐らくどこかで「ボルシチ」の名を聞かれたことはあるであろう。ボルシチは、ロシア語で「スビョークラ」、日本では砂糖大根、甜菜、西洋赤蕪などと呼ばれるビートを用いたロシアを代表するスープである。ビート以外には、ジャガイモ、にんじん、たまねぎ、キャベツなどの野菜、さらに、肉やソーセージなども具に使われるが、ビートの濃い赤い色がスープそのものの色になり、ロシア料理に頻繁に使われる真っ白なスメタナ（ロシア風サワークリーム）を加えて食べることが多いので、赤と白のコントラストが絶妙で、美味であると同時に美しくもある。ちなみにロシア語では「赤」と「美」は語源が同じである。ビートは、血液をきれいにし、消化を助ける薬効もあるとされ、ロシア料理ではボルシチ以外にもサラダやメインディッシュの付け合せになど、さまざまに使われている。

ボルシチ以外にも、サリャンカ（細かく刻んだ肉や野菜のごった煮スープ）、ウハー（魚を煮出したスープ）など、冬の厳しい寒さのためか、ロシアのスープは概して美味しい。また、ロシアのレストランでは、ラグマン（肉うどんスープ）、ハルチョ（スパイシーな肉入り雑炊風スープ）など、ウズベキスタンやグルジアなど、旧ソ連の国々のスープもメニューにあり、日本ではあまり食する機会のないさまざまなスープが楽しめる。

筆者も何百回もボルシチを食べているが、モスクワ勤務時代、ロシア人の同僚の家に招かれた際、彼の美しい奥さんが、お母さんから習ったという、肉を入れない野菜だけのボルシチを振舞ってくれた。普段食べていた肉をふんだんに使った具沢山のボルシチとは違い、とてもさっぱりとした、それでいて存在感のある絶品で、その後、それよりも美味しいボルシチにはめぐり合っていない。レストランで頂くボルシチも悪くないが、やはり、ボルシチは「お袋の味」といった感じで、各家庭が大切にしている秘伝の味が無数にあるのであろう。それでも、レストランで、語頭のボを強く、語尾のチはほぼ発音しない感じで「ボルシ」と頼めば、少し甘酸っぱいロシアのお袋の味に浸れるはずである。

（岡田邦生）

第二章　なぜいま、ロシアなのか？　成長を続けるロシア経済の最新動向

1 油価高騰とともに成長を続けるロシア経済

(1) 油価高騰に支えられた経済成長

一九九一年末のソ連邦の解体はロシア経済に大きな混乱をもたらした。ソ連解体直後には二五〇〇%を超える高インフレに見舞われ、ほとんどすべての生産部門で生産が低下、一九九八年には通貨・金融危機を経験するなど、一九九〇年代を通じてロシアは苦難の時期を過ごした。また、この時代には主力輸出品である石油の国際価格が低迷するという不運も重なった。

しかし、一九九九年後半からの世界的な油価高騰を契機に、その後のロシアは目覚しい成長をみせている。ロシアでは、石油・天然ガスだけで輸出全体の六割以上を占めている。そのため油価の高騰とともに輸出額が急増し、ロシアに巨額の貿易黒字をもたらしたのである。

こうした油価高騰が転機となって、ロシア経済は一九九九年にマイナス成長からプラスに転じ、二〇〇三年以降は六%以上の高成長を続けている（図表2-1）。イラク情勢の混迷や中国・インドのエネルギー消費急増を考えれば、当面、原油価格が急落するとは考えがたい。ロシア経済にとっては有利な状況がしばらく続きそうだ。

実際、二〇〇三年五月にはプーチン大統領が年次教書において「GDP倍増」（二〇一〇年まで

図表2-1　ロシアの経済指標

（前年同期比実質増減率、%）

	2000	2001	2002	2003	2004	2005	2006	2007 1～6月
GDP	10.0	5.1	4.7	7.3	7.2	6.4	6.7	7.9
実質可処分所得	12.0	8.7	11.1	15.0	10.4	11.1	10.0	11.2

（出所）ロシア連邦国家統計局

対二〇〇〇年比でGDPを倍増）を唱えるなど、ロシア政府もきわめて強気な姿勢を示している。

(2) 経済成長を牽引する個人消費

輸出で獲得されたオイルダラーは、さまざまなルートを通じて家計所得の増大をもたらしており、こうした所得上昇による個人消費の増加が現在のロシア経済の好況を牽引している。実際、二〇〇〇年以降、ロシア国民の可処分所得は毎年ほぼ一〇%を上回るテンポで上昇し、個人消費が大幅に拡大している。

貿易黒字が続き、ロシア通貨のルーブルが強くなっていることで、消費財の需要は主として輸入品に向かっている。第一章で見たように、現在、ロシアでは日本製を含む外国ブランドの乗用車や家電品が飛ぶように売れており、ロシアは消費財の一大市場に変貌しつつある。

(3) 外貨準備高は世界第三位に

上述の貿易黒字や資本流入による資本収支の黒字化により、ロシ

図表2-2　ロシアの輸出入額と石油価格

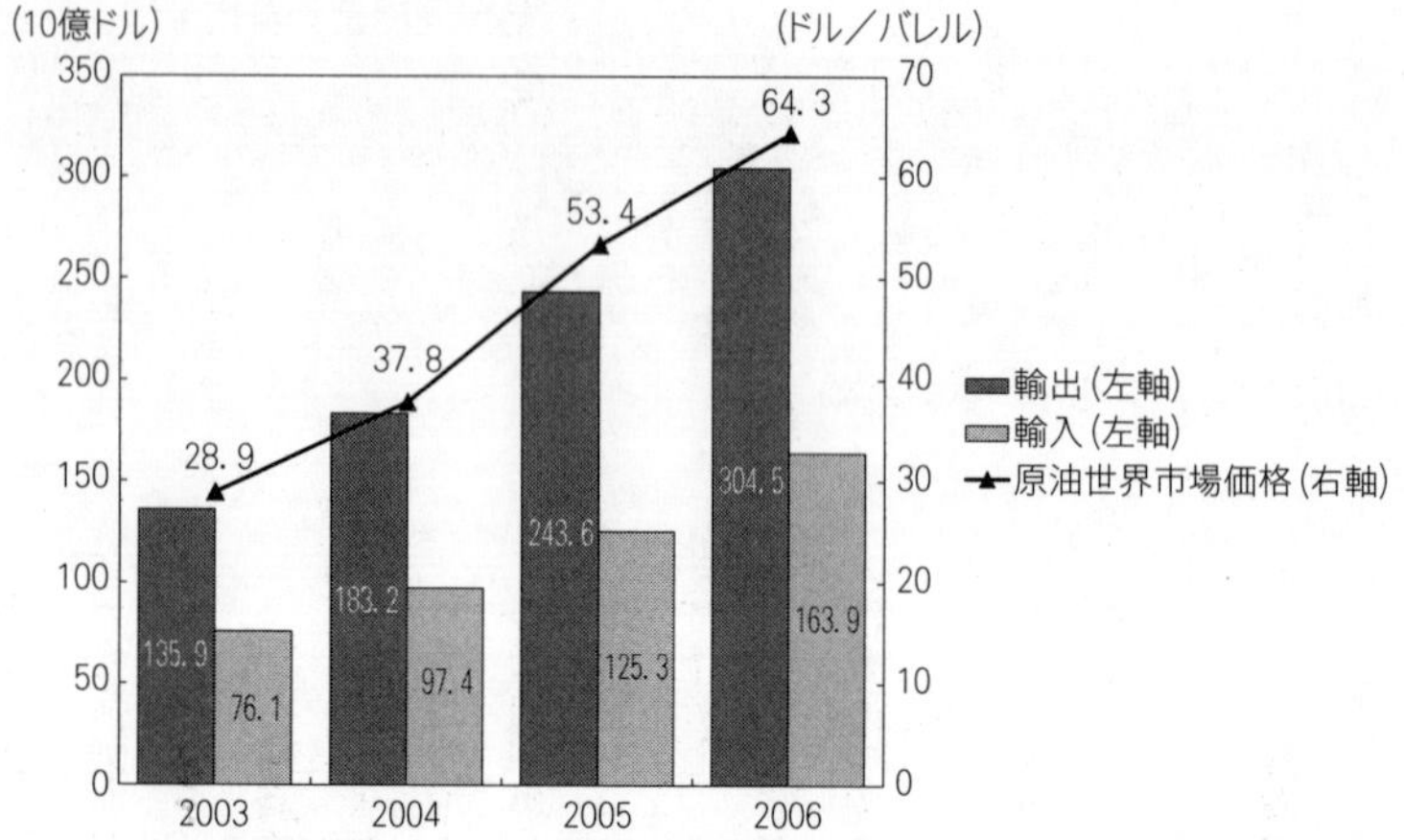

(出所)　田畑伸一郎「ロシアのマクロ経済と財政状況」『ロシアNIS調査月報』(2007年5月)

アの外貨準備高も急増している。通貨・金融危機後の一九九八年十二月には一二五億ドルと逼迫していた外貨準備高が、二〇〇四年末には一一七五億ドル、二〇〇六年末には二九〇〇億ドルと急増し、そして二〇〇七年十一月初時点では四四七〇億ドルに達している。現在、ロシアは中国（二〇〇七年十月末時点で一兆四五五〇億ドル）、日本（二〇〇七年十月末時点で九五四五億ドル）に次ぐ世界第三位の外貨保有国となっている。

2 石油・ガス収入で黒字に潤う国家財政

(1) 黒字に転じた国家財政

経済の低迷による税収減等からロシアの連邦財政は一九九〇年代にはずっと赤字に苦しんできた。ロシア政府は当初は中央銀行からの借入れ、後に短期国債の発行によって赤字を補填していたが、この短期国債の発行が一九九八年八月のロシア通貨・金融危機の引き金となった。

こうした財政の逼迫状況を救ったのも石油価格の高騰である。ロシアの連邦財政は、石油・天然ガス関連の税収が歳入の約半分を占めている（二〇〇五年には約四六％、二〇〇六年には約五〇％）。油価高騰で石油・天然ガスの輸出額が急増したことにより、輸出関税や採掘税といった石油・天然ガスに関連した税収が大幅に伸び、二〇〇〇年にはロシアの連邦財政は初めて黒字に転じた。以後、連邦財政は黒字が続いており、二〇〇五～二〇〇六年における財政黒字の対GDP比率は六％を上回り、きわめて健全な財政状況となっている（図表2-3）。

(2) 安全弁としての安定化基金

現在、こうした財政黒字の主要部分（七～八割）は、二〇〇四年初めに設置された安定化基金に

図表2-3　ロシアの連邦財政

（単位　10億ルーブル）

	2005	2006	2007（当初予算）
歳入	5,127.2	6,276.3	6,965.3
歳出	3,514.3	4,281.3	5,463.5
財政黒字	1,619.9	1,995.0	1,501.8

（出所）ロシア財務省

積み立てられている。この安定化基金は、原油価格急落により財政が悪化した際の、言わば「まさかの時の備え」なのである。この基金の設置には、一九九八年のような危機を二度と繰り返さないというロシア政府の意図が込められている。

安定化基金は、残高が五〇〇〇億ルーブルを超過した場合、定められた用途に支出することができるとされている。二〇〇四年末には早々に五〇〇〇億ルーブルを突破し、主として対外債務の返済と年金基金の赤字補填に使用された。なお、二〇〇七年十二月初時点で安定化基金の残高は三兆五一七一億ルーブル（一四四四億ドル）に達している（図表2-4）。

また、安定化基金は、増収分をここに蓄えることによってマネーサプライの増大を抑え、インフレを抑制する安全弁としても機能している。

(3)　対外債務完済で債務国から脱却

ロシアは、この安定化基金を利用して、二〇〇五年にはパリクラブ（主要債権国会議）に対する債務一五〇億ドル、二〇〇六年八月

図表2-4　ロシア安定化基金の残高の推移

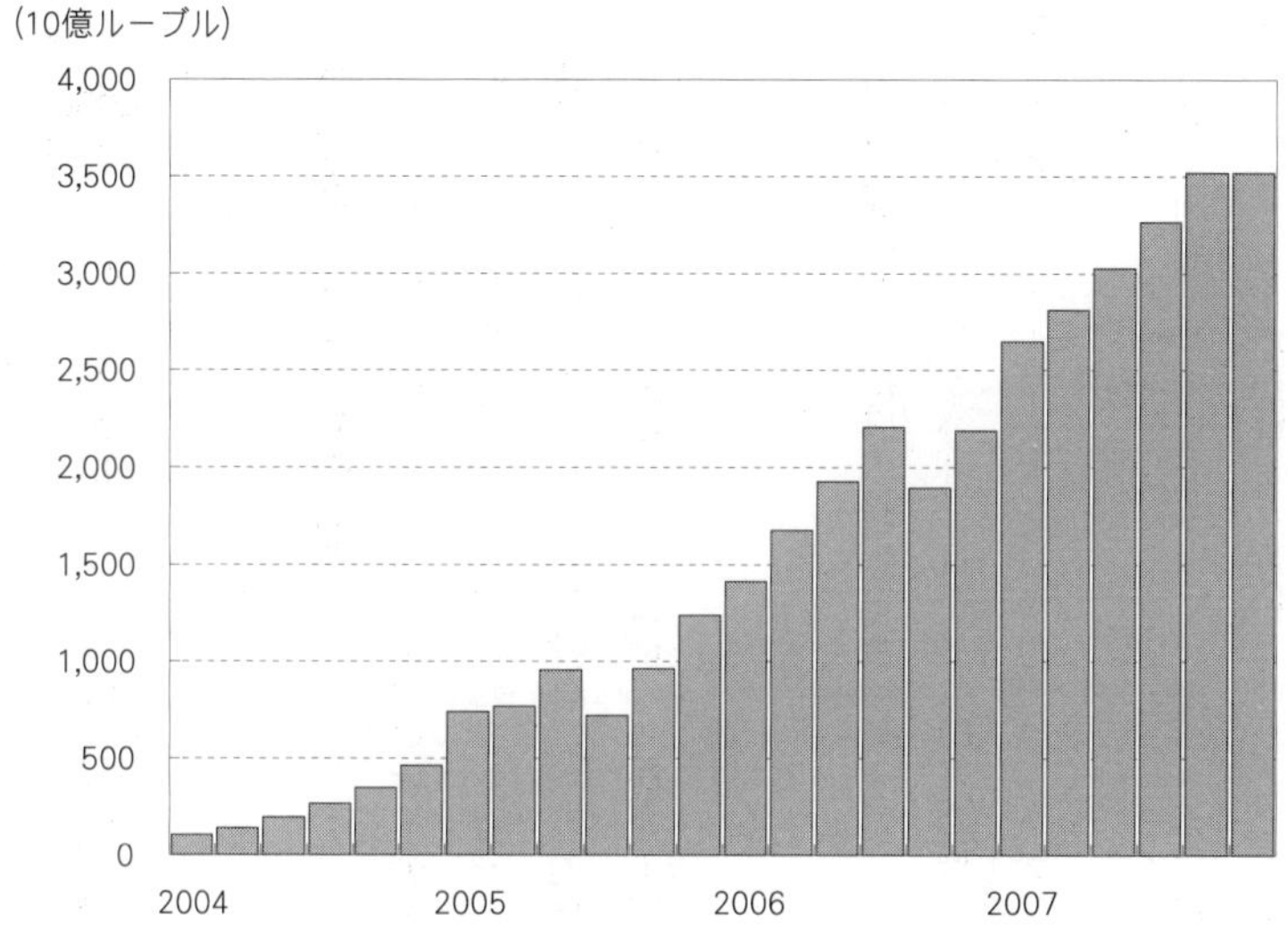

（出所）ロシア財務省

には同じく二一六億ドルを前倒しで返済し、旧ソ連から引き継いだ公的債務をほぼ完済した。これにより、ロシアは債務国の地位を脱却したのである。

ロシアは、多額の債務国でありながら、一九九七年以来、G8に参加してきたが、債務の完済により、名実ともに「大国」の仲間入りをしたと言えそうだ。

また、先進国で構成されるOECD（経済協力開発機構）への加盟も俎上にあがっており、ロシアが支援国になる日も近いかもしれない。

3 本格化の兆しをみせる外国投資

(1) 外国投資も八年連続の増加

ロシアへの外国投資は、一九九八年の通貨・金融危機の影響で一九九八〜一九九九年には一時低迷したが、二〇〇〇年以降は経済回復にともなって順調な増加をみせている。二〇〇六年には外国投資全体で五五二億ドル、うち直接投資は一三七億ドルでいずれも過去最高を記録した。さらに二〇〇七年には一〜九月だけですでに前年の額を上回り、大幅な伸びを示す勢いとなっている（図表2-5）。

(2) 外国投資の本格化はこれからか

ただし、注意が必要なのは、ロシアへの外国投資においては、キプロスや英領バージン諸島、ルクセンブルグ、アイルランドといったオフショア・センターからの投資額が大きいことである（図表2-6）。

キプロスを中心とするオフショア・センターには、一九九〇年代を通じて節税や資産の保全のために多くのロシア企業が資本を逃避させたことが知られている。したがって、これらの国からの投資は、主としてロシアから逃避した資本が、経済の回復につれて還流してきたものと考えられる。

そのため、本当の意味での外国投資は、今のところオランダからの投資（同国に本部をおくRDシェルによるサハリン2などへの投資）など部分的と言わざるをえない。しかし、ここ一〜二年の自動車部門などへの外国企業の相次ぐ進出などから、今後は真の意味での外国投資がいよいよ本格化する兆しが感じられる。

(3) 期待される製造業への投資

現状では、やはり基幹産業の石油・ガスの採掘および加工、金属部門への投資が大きいが、石油・ガスなどの資源部門では外資排斥の動きもみられ、資源分野への投資はやや頭打ちになる可能性がありそうだ。他方、近年、ロシア政府が力を入れているのが、製造業や先端産業への外資導入である。上述のように、ロシア経済は、主として油価高騰による石油輸出収入の大幅増、旺盛な個人消費によって高成長を謳歌しているが、長期的にみれば、持続的な経済発展には、イノベーションを促し、製造業やハイテク部門の振興による産業の多角化が不可欠だからだ。そのために、ロシア政府は経済特区の設置や「工業アセンブリー措置」（自動車部品の輸入関税免除など）といった施策を打ち出し、自動車産業を始めとする製造業や先端産業への投資を積極的に誘致しようとしている。

図表2-5　ロシアの外国投資受入高の推移

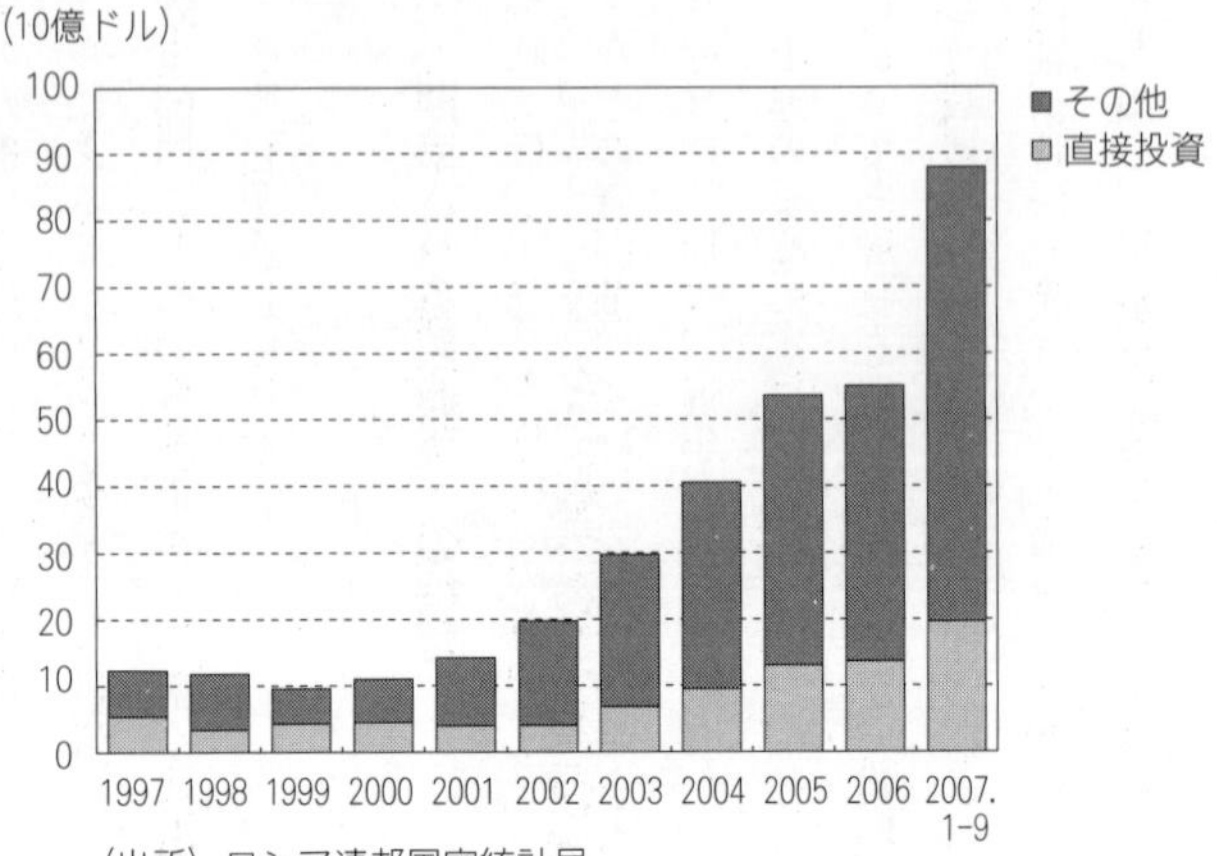

(出所) ロシア連邦国家統計局

図表2-6　主要投資国によるロシアへの投資残高

(2007年９月末現在、100万ドル)

	受入額		直接投資	証券投資	その他投資
		構成比%			
投資受入残高合計	197,796	100.0	87,801	4,203	105,792
1. キプロス	39,122	19.8	27,362	1,603	10,157
2. オランダ	35,977	18.2	32,230	51	3,696
3. ルクセンブルグ	30,282	15.3	735	219	29,328
4. 英　国	24,178	12.2	3,192	194	20,792
5. ドイツ	11,455	5.8	3,830	90	7,535
6. 米　国	8,041	4.1	3,643	950	3,448
7. フランス	7,407	3.8	1,037	0.4	6,370
8. アイルランド	6,404	3.2	589	0.3	5,815
9. スイス	6,200	3.1	1,521	49	4,630
10. 英領バージン諸島	4,109	2.1	2,383	96	1,630

(出所) ロシア連邦国家統計局

4 産業多角化の鍵を握る「経済特区」

(1) 経済特区の狙いは産業構造の多角化

ロシアでは二〇〇五年七月に経済特区法が採択され、同法に従ってロシア各地に一三の経済特区が新たに設置された（従来からのカリーニングラード州経済特区とマガダン州経済特区を含めると、二〇〇七年十二月現在で一五の特区がある）。

ロシア経済は石油・天然ガスを中心とする資源部門に偏っており、近年の油価の高騰によってその傾向はさらに強くなっている。また、個人消費や設備投資は堅調だが、ルーブル高が続いていることでロシア国内の製造業はますます競争力を失いつつある。こうした製造業の衰退は、長期的にみればロシア経済にとって大きなマイナスとなる。

経済特区の狙いは、特区に集中的にインフラ投資を行い、外資を呼び込みながら製造業およびハイテク産業の発展を促し、ロシア全体の産業構造の多角化・高度化を図ることにある。

(2) 経済特区の種類と優遇措置

新設された経済特区には、「工業生産特区」、「技術導入特区」、「観光レクレーション特区」の三種類がある。また、二〇〇七年十二月八日には、港湾特区の導入を定めた経済特区改正法が発効し、新たに「港湾特区（空港を含む）」がこれに加わった。

特区の入居者は、輸入関税や付加価値税といった連邦税が一律で免除されるほか、土地税、資産税、運輸税といった地方税も免除される場合が多い。これらの減税措置によるコスト削減効果は約三〇％と試算されている。その他、ロシア政府は二〇一〇年までに特区全体のインフラ整備に三〇億ユーロを拠出するとしており、公的資金で整備されたインフラを利用できるという点も特区のメリットといえる。

(3) タタールスタンには「いすゞ」が進出

経済特区のもう一つの狙いは外資の導入である。現時点で登録済みの企業は大半がロシア企業で外国企業はごくわずかだが、シーメンスやボッシュなど多くの外国企業が進出を検討している模様である。そうした中、二〇〇七年七月末に日本のいすゞ自動車がロシア企業との合弁の形でタタールスタンの経済特区への進出をいち早く決定し、大きなインパクトを与えている。

二〇〇七年十一月初、経済特区管理庁のミシュスチン長官は、二人の副長官を帯同して来日し、日本の企業関係者に向けて特区進出を呼びかけた。ロシア側は、いすゞに続く日本企業の誘致に大きな期待をかけている模様だ。

図表2-7　ロシアの経済特区

カリーニングラード州
観光特区
サンクトペテルブルグ市
技術導入特区
モスクワ州ドゥブナ市
技術導入特区
モスクワ市セレノグラード区
技術導入特区
リペック州
工業生産特区
タタールスタン共和国
工業生産特区
クラスノダル地方
観光特区
スタヴロポリ地方
観光特区
トムスク市
技術導入特区
アルタイ地方
観光特区
アルタイ共和国
観光特区
イルクーツク州
観光特区
ブリヤート共和国
観光特区

図表2-8　ロシアの経済特区の種類と事業分野

種類	所在地	想定される事業分野
工業生産特区	リペツク州グリャジ地区	家電生産、家具生産
	タタールスタン共和国エラブガ地区	自動車・同部品、石油化学製品
技術導入特区	サンクトペテルブルグ市	IT、計測・分析機器
	モスクワ州ドゥブナ市	核技術・物理学、プログラミング
	モスクワ市ゼレノグラード区	マイクロエレクトロニクス
	トムスク州トムスク市	新素材、核技術、ナノテク、バイオ
観光・レクレーション特区	カリーニングラード州クルシェカヤ地区	研修施設、グライダー、ヨットクラブ
	クラスノダル地方ブラゴヴェシェンスク地区	ホテル、ヨットクラブ、ゴルフ場
	スタヴロポリ地方ミネラルヌェ・ヴァディ地区	ホテル、アクアパーク、スパ施設
	アルタイ地方ビリュゾヴァヤ・カトゥニ地区	療養施設、エコロジー、乗馬
	アルタイ共和国クィズィル・オゼク地区	療養施設、スキー、エコロジー
	ブリヤート共和国バイカル地区	スキー、スポーツ施設、エコロジー
	イルクーツク州リストヴャンカ及びアンガルスキー地区	観光、療養施設、スキー

（出所）ロシアNIS貿易会調べ。

5 BRICsの一角として注目度も上昇中

(1) BRICsの一角として世界が注目するロシア

BRICsと呼ばれるブラジル（Brazil）、ロシア（Russia）、インド（India）、中国（China）の四カ国は、近年、発展が著しく、今後の世界経済の成長をリードする地域として注目されている。

やや古いデータだが、二〇〇五年に国連貿易開発会議（UNCTAD）が専門家や多国籍企業を対象に行った調査において、ロシアは二〇〇五～二〇〇六年に最も魅力的な事業展開先として専門家の間では第五位、多国籍企業からは第四位と評価された。魅力的な展開先の上位にランクインすることなど、ロシア経済が低迷していた一九九〇年代にはおよそ考えられなかった現象である。

(2) 年々上昇する日本企業の関心

こうした傾向は、日本企業にも同様にみられる。毎年、国際協力銀行（JBIC）はわが国の製造業を対象に「海外直接投資アンケート」を行っているが、今後の有望事業展開先としてロシアは二〇〇三年に初めてトップテン入りし、二〇〇七年度の調査では、今後一〇年程度の長期的な有望事業展開先として中国、インドに次いで第三位にランクされている（図表2-10）。

図表2-9　2005〜2006年の最も魅力的な事業展開先（UNCTAD調査）

専門家の回答

1位	中国	85%
2位	米国	55%
3位	インド	42%
4位	ブラジル	24%
5位	ロシア	21%
6位	英国	21%
7位	ドイツ	12%
8位	ポーランド	9%
9位	シンガポール	9%
10位	ウクライナ	9%

多国籍企業の回答

1位	中国	87%
2位	インド	51%
3位	米国	51%
4位	ロシア	33%
5位	ブラジル	20%
6位	メキシコ	16%
7位	ドイツ	13%
8位	英国	13%
9位	タイ	11%
10位	カナダ	7%

（出所）UNCTAD FDI Prospects, 2005-2008

図表2-10　日本企業による中・長期的な有望事業展開先（JBIC調査）

中期的有望事業展開先（今後３年程度）

順位	2003	2004	2005	2006	2007
1位	中国	中国	中国	中国	中国
2位	タイ	タイ	インド	インド	インド
3位	米国	インド	タイ	ベトナム	ベトナム
4位	ベトナム	ベトナム	ベトナム	タイ	タイ
5位	インド	米国	米国	米国	ロシア
6位	インドネシア	ロシア	ロシア	ロシア	米国
7位	韓国	インドネシア	韓国	ブラジル	ブラジル
8位	台湾	韓国	インドネシア	韓国	インドネシア
9位	マレーシア	台湾	ブラジル	インドネシア	韓国
10位	ロシア	マレーシア	台湾	台湾	台湾

長期的有望事業展開先（今後10年程度）

順位	2003	2004	2005	2006	2007
1位	中国	中国	中国	中国	インド
2位	インド	インド	インド	インド	中国
3位	米国	タイ	ベトナム	ロシア	ロシア
4位	タイ	ベトナム	ロシア	ベトナム	ベトナム
5位	ベトナム	米国	タイ	米国	ブラジル
6位	ロシア	ロシア	米国	タイ	タイ
7位	インドネシア	インドネシア	ブラジル	ブラジル	米国
8位	韓国	ブラジル	インドネシア	インドネシア	インドネシア
9位	ブラジル	韓国	韓国	韓国	メキシコ
10位	マレーシア	台湾	マレーシア	マレーシア	トルコ

（出所）国際協力銀行「海外直接投資アンケート調査結果報告」各年版

図表2-11　ジャパンクラブの会員数

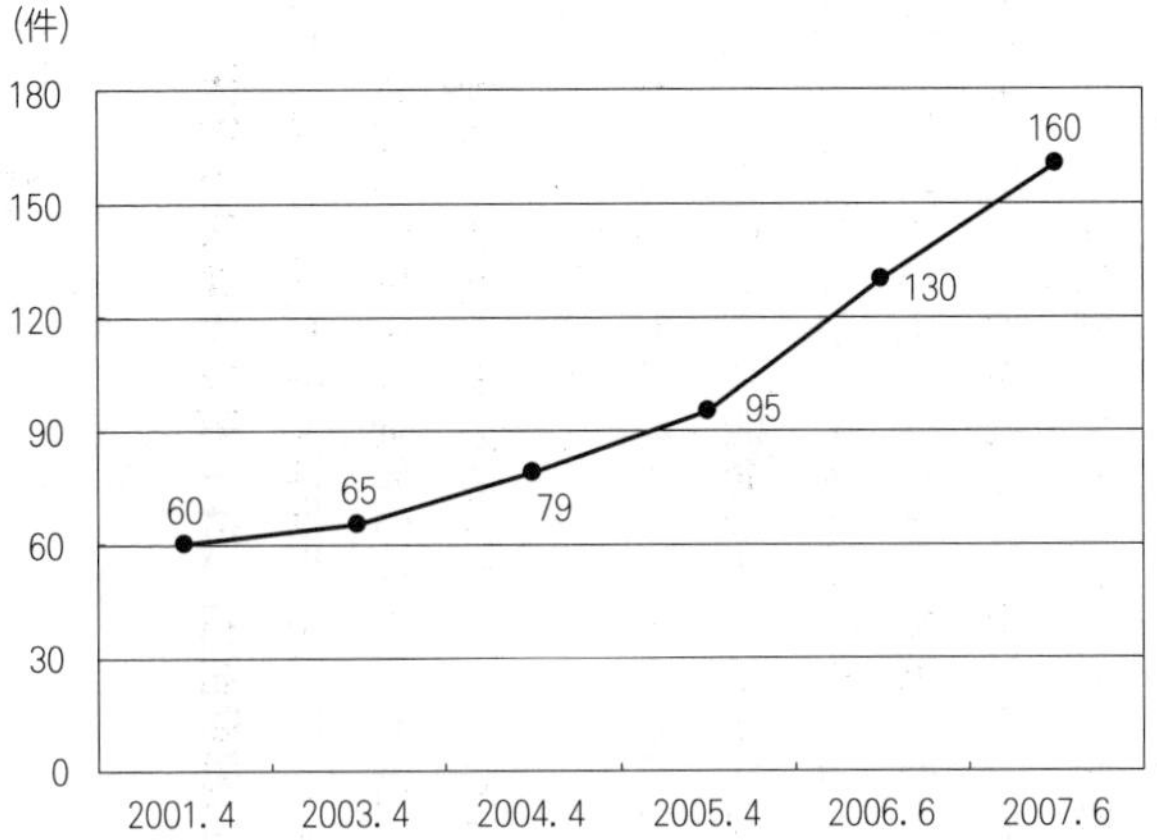

（出所）ロシアNIS貿易会調べ。

二〇〇六年度の調査では、中期的（今後三年程度）な見通しについて、回答企業の約七五％がロシア・他ＣＩＳ（独立国家共同体）での事業展開の規模を「強化・拡大する」と回答しており、この数字は第二位の中国（七一％）を上回っている。ロシアの有望理由としては回答企業の約九割が「市場の成長性」を挙げている。

(3) 日本企業の対ロシア進出も急増中

こうしたロシアへの関心の高まりとともに、ロシアに進出する日本企業の数も急速に増えている（もちろん中国等とは比べるべくもないが）。たとえば、モスクワやサンクトペテルブルグを中心に現地法人や駐在員事務所をおく日本企業から構成されるジャパンクラブ会員数は、二〇〇四年四月の七九社から二〇〇七年六月には一六〇社へ三年間で倍増している。

6 石油・天然ガス大国のロシア

(1) 天然ガスは世界第一位、石油は第二位の生産国

現在、ロシアは石油では世界第二位、天然ガスでは第一位の生産国である（図表2-12、同2-13）。例年、石油では生産量全体のうち約五割、天然ガスでは約三割が輸出され、この輸出収入が現在のロシア経済の活況を支えている。ここでは、ロシア経済の屋台骨である石油・ガス産業について、やや詳しくみてみよう。

ロシアの石油・天然ガスの生産予測については、現在の主力生産地である西シベリアにおいて減産に転じ、今後はより開発困難な産地への移行が予想されることなどから、近い将来に減産に転じるという悲観的な見方もある。だが、ロシア政府は、それを克服する先端技術の導入などにより、未開発地域の多い東シベリア・極東での生産増強が可能とみており、石油・天然ガスともに二〇二〇年頃まで生産増加が続くと予測している。増産テンポの緩急はともあれ、専門家の間では生産の増加傾向が当面は継続するという見方が優勢だ。

油価の動向など石油ガスをめぐるさまざまな状況にも左右されるが、今後もしばらくは石油・天然ガス産業がロシア経済の屋台骨を支えていくとみてよさそうだ。

(2) 欧州中心の輸出構造、欧州側には対ロ依存への不安感も

現時点では、ロシアから輸出される石油・天然ガスの大半が、中東欧を含む欧州諸国に向けられている。他方、欧州にとってもロシアは重要なエネルギー供給国であり、天然ガスでは欧州の需要全体の三割をロシアに依存していると言われている。

しかし、それゆえに欧州のロシアへの警戒心は根深いものがある。最近では、二〇〇六年初めにロシアとウクライナとの天然ガスの価格交渉が決裂し、ロシアが同国向けの天然ガス輸出を一時停止する事態が発生したが、その際、欧州のメディアは、これを同地域の「エネルギー安全保障」を脅かすものとして、いっせいにロシアを非難した（ロシアから欧州向けの天然ガスの約八割がウクライナ領を通過するからである）。

もっとも、ロシアにとって欧州は死活的に重要な市場であり、石油や天然ガスを政治的な圧力の道具にするにはあまりにもリスクが高い。事実として述べておくと、西欧への天然ガス輸出が始まった一九七〇年代（当時はソ連）から今日まで、ロシアから欧州への天然ガスの供給は一度も途絶したことはない。

(3) 重要度が高まるアジア市場、日ロ間ではサハリン沖開発が稼動中

ロシアが今後の石油・天然ガス市場として重要視しているのが、アジア市場、特にエネルギー需要が著しく伸びている中国である。現時点では、ロシアからアジア市場（中国、日本）への石油輸

出は輸出全体の五％（天然ガスはゼロ）だが、ロシア政府は二〇二〇年までにアジア向けを三〇％にまで拡大する意向である。

そのためには、アジア市場に隣接する東シベリアや極東地域での開発促進、パイプライン網の整備が不可欠である。極東地域では、日本企業も参加するサハリン1、サハリン2が先行しており、サハリン2では一九九九年に石油生産が始まり、二〇〇八年を目処に天然ガスをＬＮＧの形で日本を中心に輸出する予定である。サハリン1も二〇〇五年に石油生産開始、二〇〇六年には輸出を始めており、天然ガスについては中国市場を視野においている模様だ。

他方、東シベリアの石油・天然ガス開発やパイプライン計画は、中国との条件交渉の難航やロシア国内の複雑な事情等により遅れ気味で、今後も紆余曲折が予想されるが、環境が整えば、その実現によるインパクトは大きい。

(4) 石油・ガス分野における国家管理の強化、外資制限の傾向

外資導入を積極化している自動車など製造分野とは逆に、石油・天然ガス部門では外資導入を制限する動きが現れている。現在、ロシア議会で審議中の「地下資源法」の修正案が可決されれば、一定規模以上の石油・天然ガス鉱床の開発では外資が五割以上の権益シェアをとることが認められなくなる。

また、最近の動きとして、ロシア政府が株式の五〇％超を保有し、政府の強い影響下にあるガス

図表2-12　世界の原油の生産量と埋蔵量

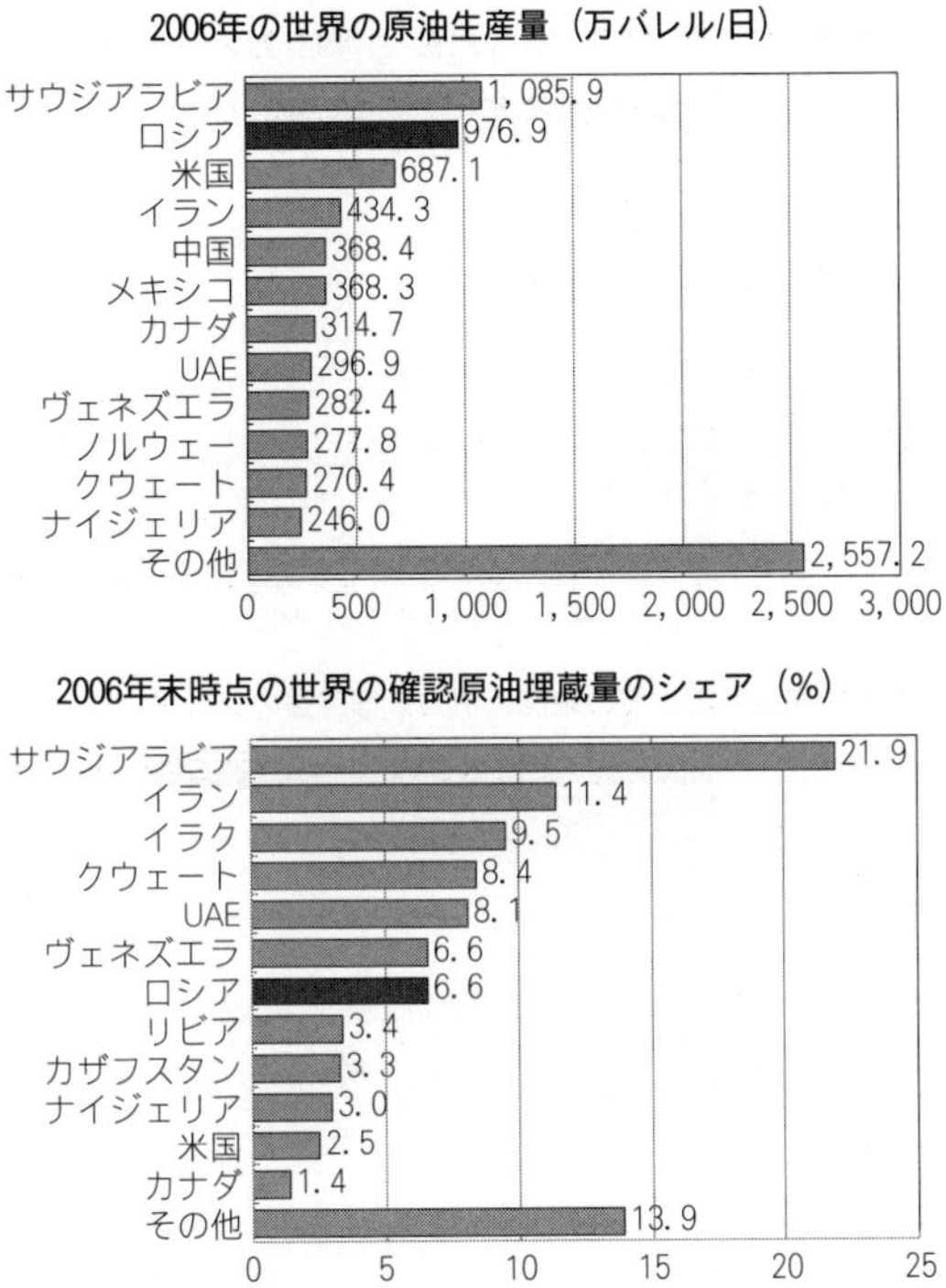

（出所）BP Statistical Review of World Energy June 2007

プロム、ロスネフチの勢力伸張が注目される。当然ながら石油ガス部門におけるロシア政府の影響力増大を意味するからだ。ガスプロムによるサハリン2の五一%権益取得、いわば政府が破産させた石油会社ユコスの主要資産のロスネフチとガスプロムによる買い占めなどがその例である。

図表2-13　世界の天然ガスの生産量と埋蔵量

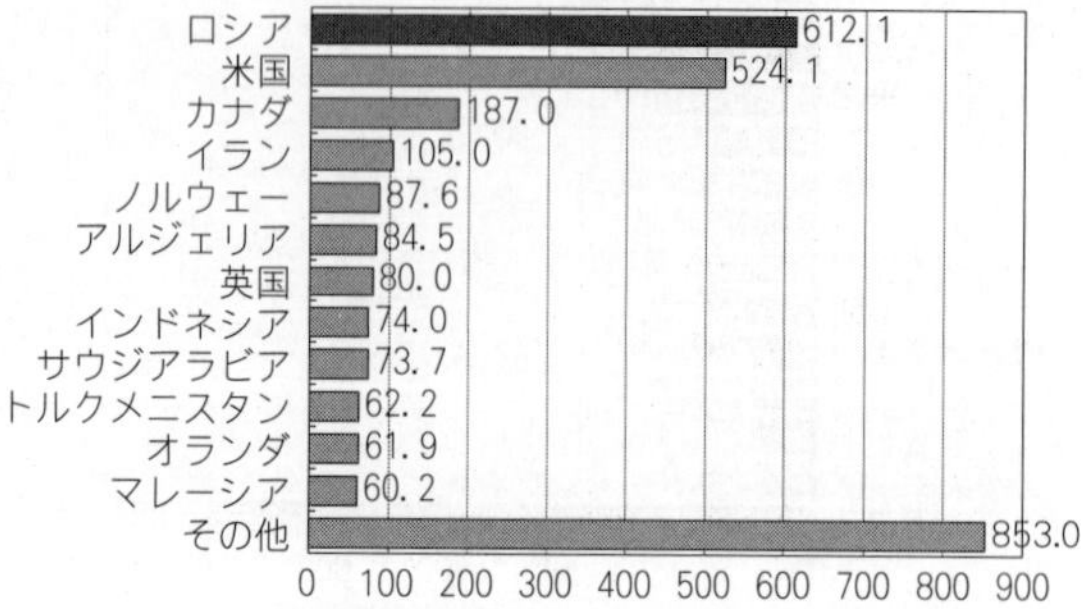

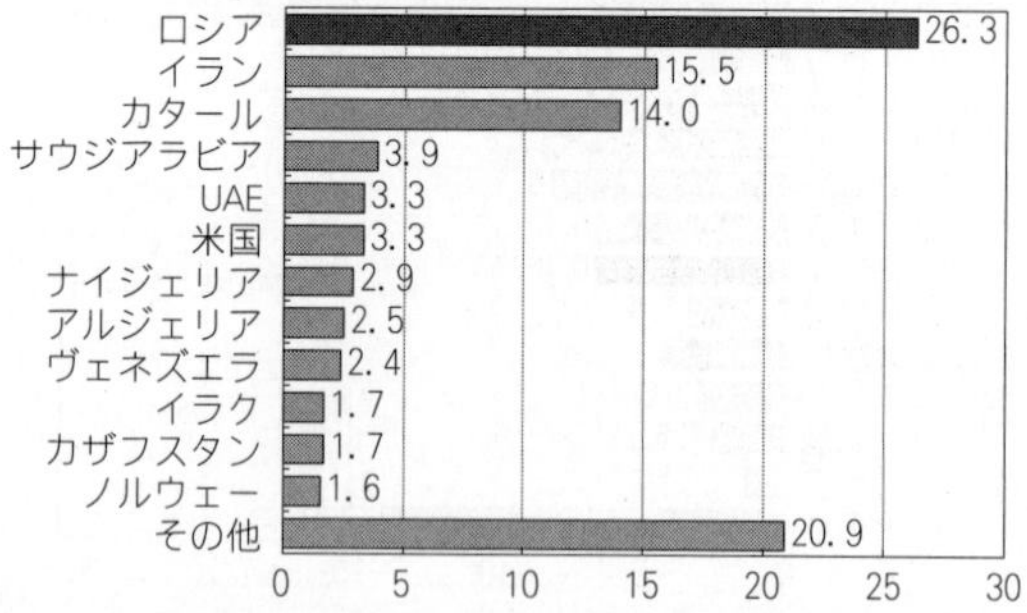

（出所）BP Statistical Review of World Energy June 2007

図表2-14　ロシアの石油・天然ガスの生産予測

		2005	2010	2015	2020
石油（100万ｔ）	楽観予測	445	490	505	520
	中庸予測	420	445	450	450
天然ガス（10億㎥）	楽観予測	615	665	705	730
	中庸予測	610	635	660	680

（出所）「2020年までのロシアのエネルギー戦略」（http://www.rg.ru/2003/09energeticheskajastrategija.html）

図表2-15　ロシアの原油と天然ガスの輸出先

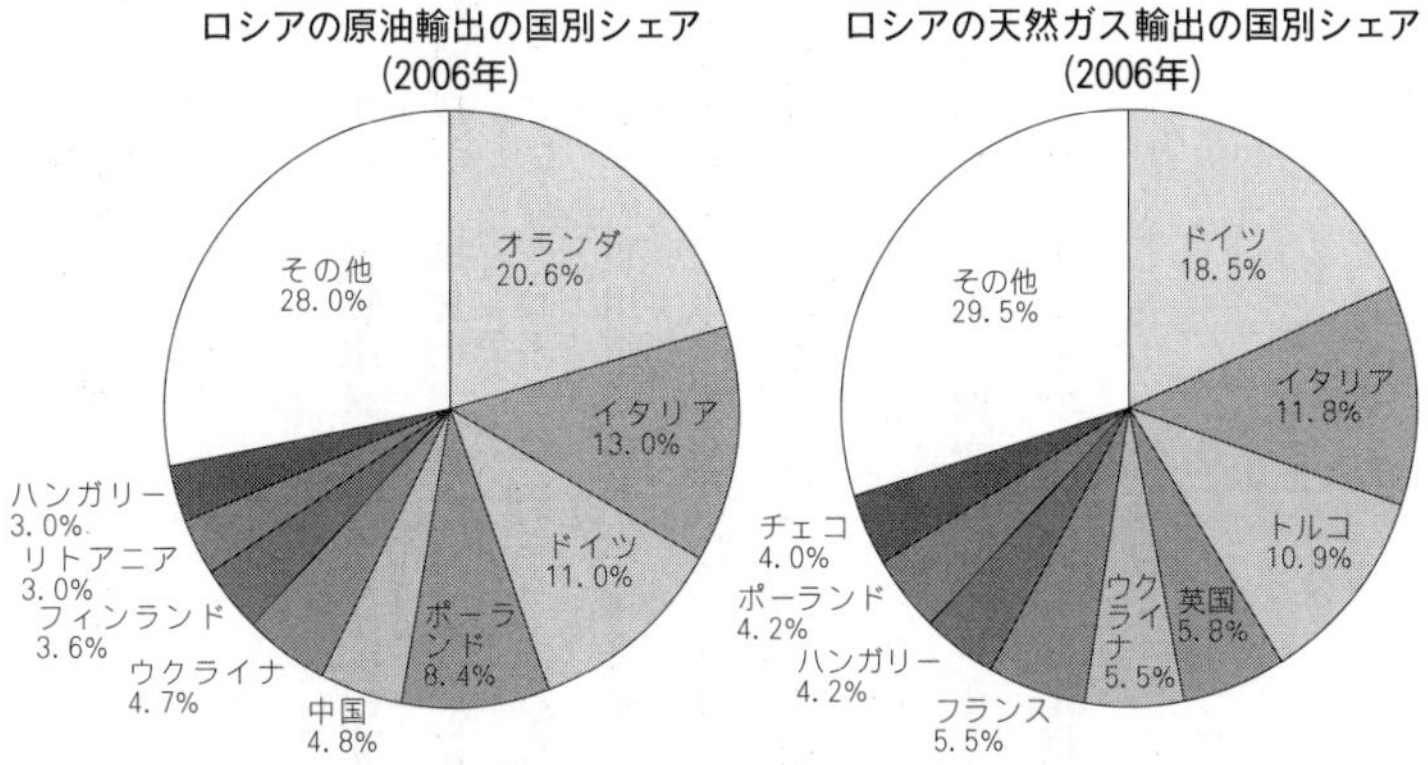

（出所）ロシア連邦関税局『ロシア通関統計』（2006年年報）

図表2-16　東シベリア・極東における石油・天然ガスのパイプライン計画

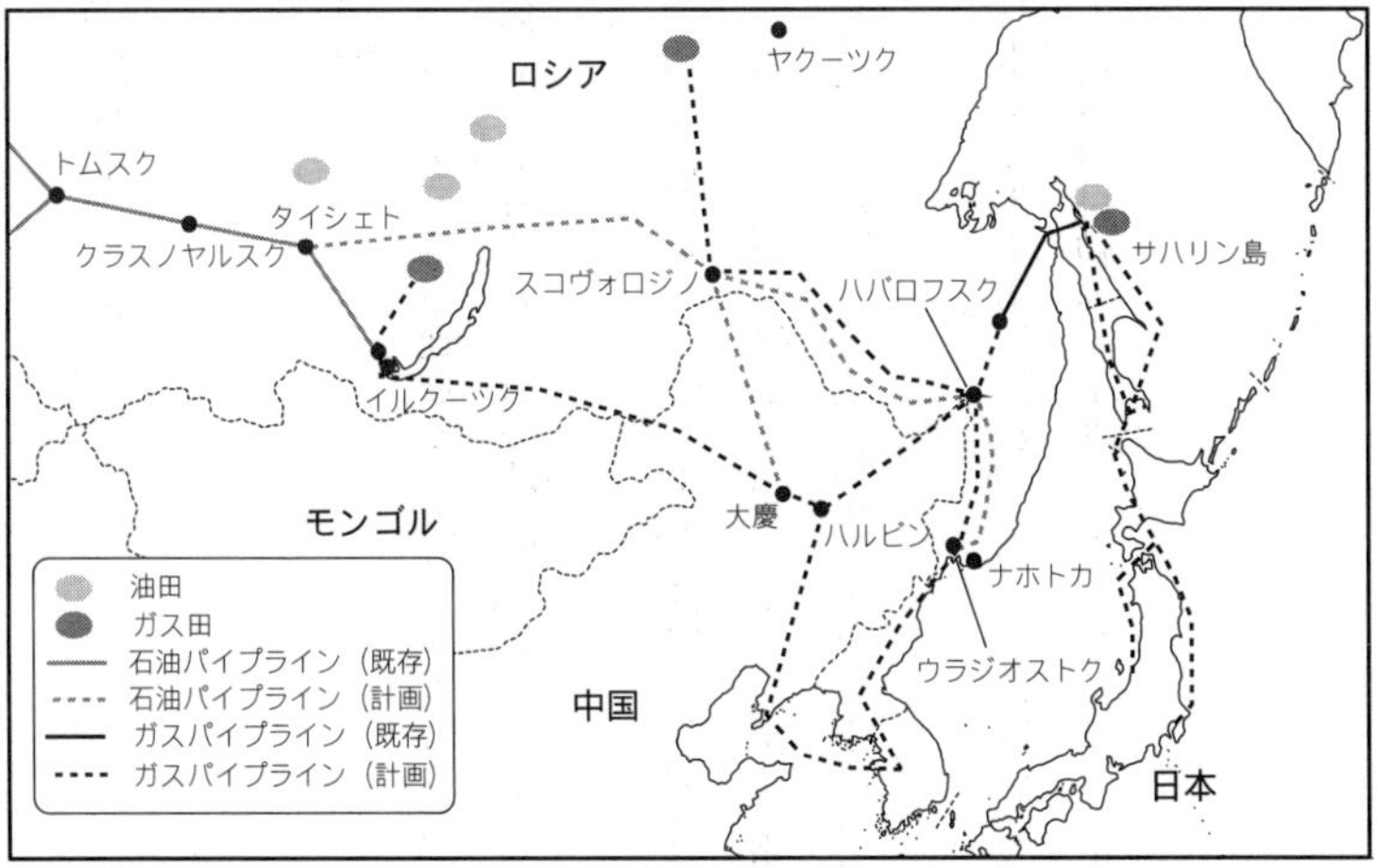

（出所）本村真澄「全貌が見えてきたサハリン石油ガス開発」『石油・天然ガスレビュー』(2006年５月、Vol.40、No.3）を基に作成。

7 強豪ひしめき合うロシアの自動車市場

(1) 世界の自動車メーカーが注目するロシア市場

経済成長、国民の実質所得の伸びにともない、ロシアでは急速なモータリゼーションが進んでいる。ここでは、ロシア経済を支えるもう一つの側面である個人消費の活況ぶりを象徴する事例として、ロシアの乗用車市場の現状を紹介してみたい。

ロシアの乗用車保有台数は一九九七年の一七六〇万台から二〇〇五年末には二五五七万台に増加し、フランスに次ぐ世界第七位の乗用車保有国となっている（図表2-17）。ロシアの乗用車保有台数は、二〇一〇年には三二〇〇万台、二〇三〇年には六〇〇〇万台に増大すると予測されており、今後も引き続き大幅増が期待できそうだ。

今後、乗用車市場では、需要が頭打ちとなる日本や欧米市場に代わって、市場規模も大きく成長著しいＢＲＩＣｓ市場に期待がかけられている。世界の自動車メーカーがロシアに注目するのは当然だ。

図表2-17　世界各国の乗用車保有台数（トップ10）

（単位　1,000台）

	2005年末現在
米国	136,568
日本	57,091
ドイツ	46,090
イタリア	34,667
英国	30,650
フランス	30,100
ロシア	25,570
中国	21,325
スペイン	20,250
ブラジル	18,370

（出所）日本自動車工業会HP

(2) ロシアのモータリゼーションを牽引する外国車

ロシアの乗用車販売台数は、二〇〇一年に一三〇万台、二〇〇四年に一七〇万台、二〇〇六年には二一〇万台ときわめて堅調である。特に国民の所得の増大につれて、外国ブランドの新車販売が好調で、二〇〇六年には二年間で倍増し、一〇〇万台を突破した。逆に、質が悪く、低価格だけが強みの純国産車は完全に落ち目の状態にある（図表2-18）。現在のロシアにおけるモータリゼーションを牽引しているのは外国車であるといってよい。

日本車の人気もきわめて高い。日本車の新車販売台数は、一九九八年にはわずか一万七〇〇〇台であったが、二〇〇四年には一三万台、二〇〇六年には三〇万台と急速な勢いで伸びている。すでに現地生産を開始しているフォードやシボレー（GM）、現代には及ばないものの、二〇〇六年には外国ブランドの新車販売数のトップテンのうち、四社を日本の自動車メーカー

図表2-18　ロシアの乗用車市場の規模

（台数ベース、単位1,000台）

年	純国産車	外国新車	輸入中古車	合計
2004	882	409	400	1,691
2005	841	614	320	1,775
2006	760	1,019	315	2,094

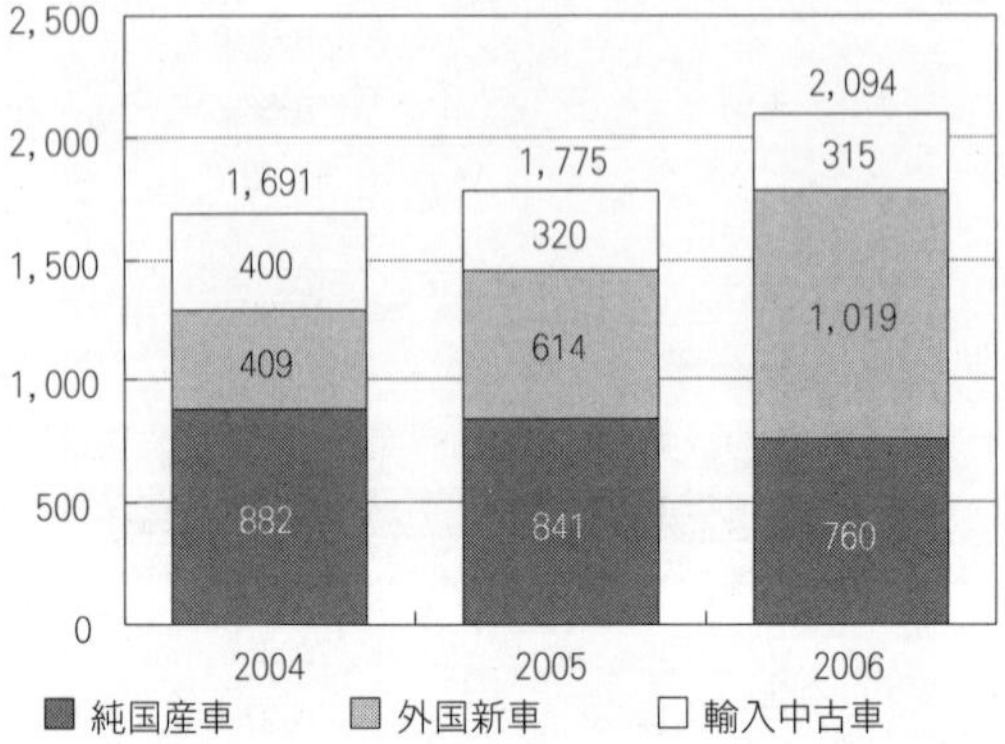

(出所)『エクスペルト』誌（2007.2.12-18）

が占めた（図表2－19）。今後、トヨタ、日産、スズキ等の現地生産が開始されれば、ロシアの乗用車市場における日本車のプレゼンスはさらに強固なものになると思われる。

(3) 続々と現地生産を決める世界の自動車メーカー

こうしたロシア市場の有望性を見込んで、欧米や日本の自動車メーカーの現地生産の動きが活発化している。

いち早く進出したのは欧米メーカーで、フォードはサンクトペテルブルグ近郊に建設した工場において、GMはサマラ州トリヤッチにおいてロシアの自動車会社との合弁の形で、いずれも二〇〇二年から生産を開始している。また、ルノーはモスクワ市と合弁企業を設立し、同市近郊で二〇〇五年から生産を始めている。

二〇〇五年以降、外国メーカーの現地進出の動きはいっそう加速し、二〇〇五年にはトヨタ、二〇〇六年には日産、GM（単独での新規工場）、三菱、フォルクスワーゲン、二〇〇七年にはスズキ、現代が現地生産化を表明している。いずれも工場を建設中であり、二〇〇七年末〜二〇一〇年の生産開始を目指している。商用車の分野では二〇〇七年夏にいすゞがロシア企業と合弁の形で現地生産を行うことを発表している。

立地面では、物流の容易性や市場へのアクセス、高度な労働力の確保といった観点から、日米韓六メーカーがサンクトペテルブルグに進出を決めており、同市はロシアにおける自動車産業の一大中心地に変貌しようとしている。今やサンクトペテルブルグは「ロシアのデトロイト」と形容されるようになった。

また、乗用車メーカー本体に続き、部品など関連産業の進出も活発化しつつある。

図表2-19　ロシアにおけるブランド別の外国車（新車）販売台数

（単位　台）

	2000	2002	2004	2005	2006
フォード	1,357	6,669	39,241	60,564	115,985
シボレー	488	275	2,628	66,532	111,458
現代	554	5,575	50,686	87,457	100,685
トヨタ	2,307	8,302	47,426	60,638	95,689
日産	2,536	8,029	28,436	46,485	75,689
ルノー	3,002	8,337	16,126	29,177	72,484
三菱	3,836	8,167	30,097	55,148	68,845
大宇	13,500	12,418	35,398	48,623	66,717
起亜	1,439	5,382	19,119	24,671	59,993
マツダ	…	641	8,568	21,120	32,290

（出所）Avtobiznez、コメルサント等から作成。

(4) 外資進出をロシア政府も支援

二〇〇五年以降、外国の自動車メーカーのロシア進出が加速化した背景には、ロシア政府が刺激策を採択したことがある。

二〇〇五年三月末、ロシア政府は自動車部門における「工業組み立て（アセンブリー）」の際に、自動車部品の輸入関税を通常の五～二〇％から、無税もしくは三～五％に引き下げることを決定した。

この措置が決め手となり、世界の自動車メーカーが続々とロシアに進出し始めたのである。

図表2-20　ロシアへの外国自動車メーカーの進出状況

8 ロシア極東開発への期待

(1) 課題は経済発展の地方への波及

これまで述べてきたように、近年、ロシア経済はダイナミックに発展している。しかし、ロシアは世界一の国土面積（日本の約四六倍）を有する巨大な国である。現在のロシアの経済成長は、モスクワやサンクトペテルブルグなど大都市圏を有するロシア欧州部が牽引しており、極東地域などの辺境地域は成長の果実をまだ十分に共有するには至っていない。むしろ、モスクワやサンクトペテルブルグと辺境地域の格差は年々拡大している（図表2-22）。今後のロシア経済の課題は、経済発展を極東などの地方へいかに波及させていくかにあるだろう。

(2) 日本にとっても魅力あるロシア極東のポテンシャル

日本の一六倍もの面積をもつ広大な極東地域には、石油・天然ガス、金・銀、石炭などの地下資源、木材、カニを始めとする漁業資源が豊富に存在する。したがって、ロシア極東の経済開発は、それらの資源をもたない日本、中国、韓国、北朝鮮といった北東アジア諸国にとっても大きな関心事である。

こうした資源の開発には、インフラ整備などロシア中央政府からの資金的な援助が不可欠である。ソ連解体後、インフラ整備などを中心とする極東開発プログラムが何度か承認されたが、財政難に苦しんだ一九九〇年代のロシア政府にはそれを拠出するだけの余裕はなく、極東地域の開発も停滞した。

(3) 極東開発への国家支援策

しかし、油価高騰とともにロシア経済が立ち直り、国家の財政収入も十分確保されるようになった今、ロシア政府は極東開発に本腰で取り組む姿勢を示している。二〇〇七年十一月には「二〇一三年までの極東ザバイカル長期発展プログラム」が承認されており、今後の展開が注目されている。同プログラムでは、特に二〇一二年にＡＰＥＣ首脳会合が開催予定のウラジオストクの都市基盤整備に巨額の資金が投入される模様である。

難しい局面が続く欧米との対抗上、近年、ロシアはアジア重視政策を進めているが、こうした状況も極東地域にとっては追い風となっている。隣接する極東地域の発展なくしては、アジアとの関係強化も部分的とならざるをえないからである。

わが国の目と鼻の先にあるロシア極東の開発の本格化は、日本企業にも大きなビジネスチャンスをもたらす可能性を秘めている。

図表2-21　極東連邦管区

図表2-22　ロシア各地の地域総生産の推移（1996年＝100）

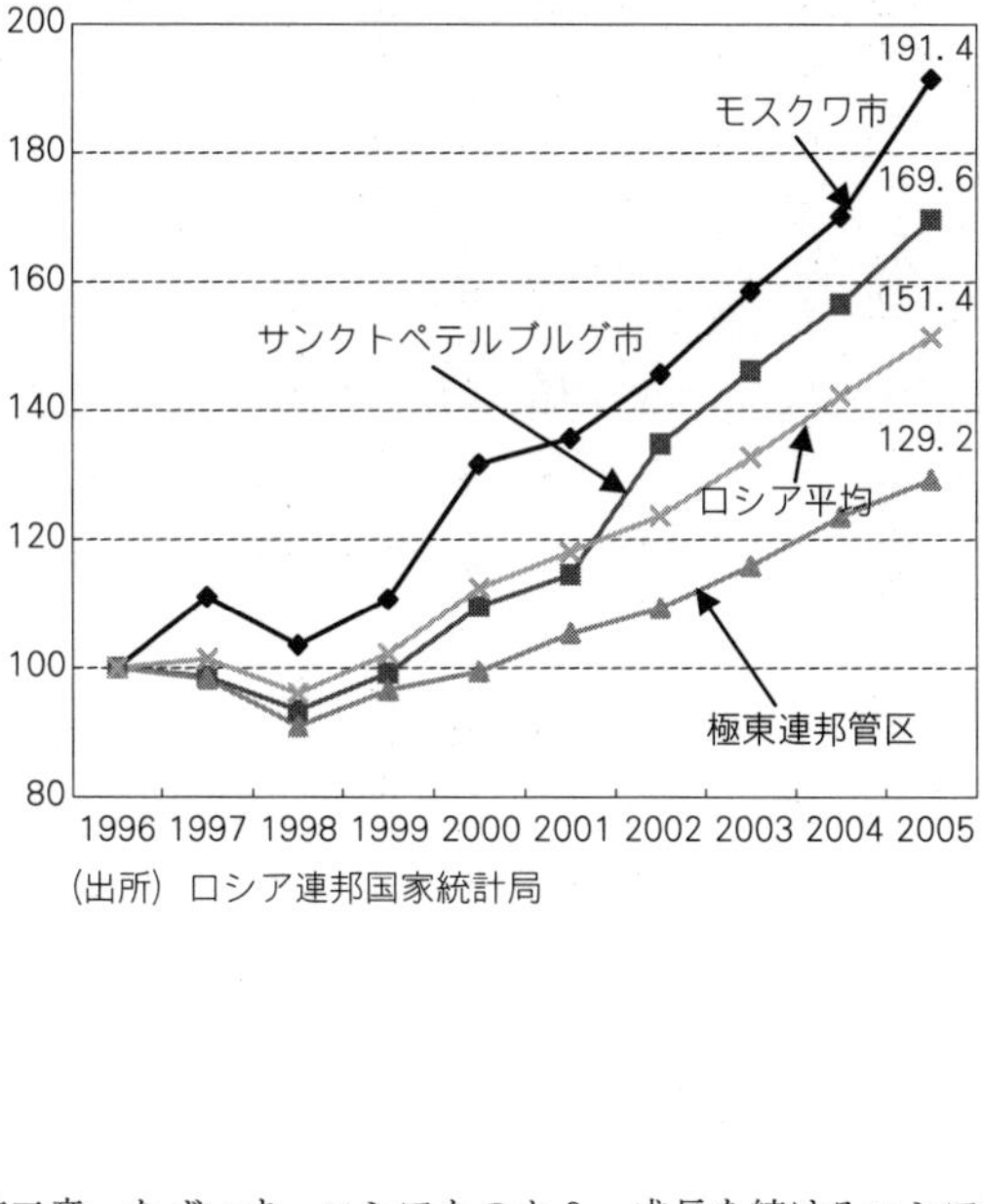

（出所）ロシア連邦国家統計局

Column

ロシア料理　この一品　②

シャシリク　Шашлык

モスクワの勤務を終えてからも、ほぼ毎月のようにロシアに出張しているが、ロシアでは肉料理を食べることが多い。最近モスクワでは、南欧の高級シーフードレストランよろしく「トゥデイズ・キャッチ」という感じで、氷の上に横たわる魚を選んで、自分の好みに調理してもらうことができるようなレストランも登場しているが、概して、メインは肉の方が無難であろう。特に、豚や羊などの料理で本当に舌鼓を打つという感じの一品に出くわし、少し大げさに言えば、ひと時の幸せに浸ることも少なくない。

シャシリクは肉片をたまねぎやトマトやナスなどとともに串刺しにして焼くという、きわめて単純な料理である。本来は、コーカサスや中央アジアの料理で、羊肉が使われることが多かったが、今ではロシア料理としても定着し、レストランのメニューには、牛肉、豚肉、鶏肉、また少し変わったところではチョウザメのシャシリクもある。

シャシリクは単純であるがゆえに、どこで注文しても、一定水準ものが食べられる。しかし、やはり場所によって、出来、不出来は当然ある。その決め手は、もちろん、まずは新鮮な肉であるか否か、そして、肉に施す下準備の按配である。普通、肉はにんにく、マスタード、ワイン、酢などを配合した、それぞれの店の「秘伝」のたれに漬け込んで準備される。そして、調理、つまり焼くわけだが、やはりレストランの厨房でフライパンというのではなく、戸外にて炭火で焼いたものが最高である。

筆者が食べた最も美味しかったシャシリクは、北コーカサスのカバルノ・バルカル共和国にあるロシア最高峰のエルブルス山の麓で食べたものである。朝、羊をさばき、下準備をした肉を、明峰を撫でる初夏の風が熾した炭火で焼いたもので、今でも明確に思い出せる芳醇な味であった。

暖かい時期にロシアを訪問される方は、街角に設置されたサマー・レストランの脇で煙が上がっていれば、覗いてみてはいかがだろうか。注文はアイ・コンタクトで十分であろう。

（岡田邦生）

第三章

日ロ経済関係の過去と現在

江戸時代から二十一世紀まで

1 日ロ関係小史

(1) 両国間の国境を定めた日露通好条約

日本とロシアの交流の歴史は十七世紀末にさかのぼる。その時までにロシア人はカムチャツカ半島に到達し、そこで、航海中、嵐によって流された日本人漂流民と遭遇することになる。その後およそ一〇〇年の間に、日本人漂流民とロシア人のさまざまな交流があった。

一七九二年にはそうした漂流民の一人である大黒屋光太夫の帰国の労をとり、かつ、日本との通商を求める初の公式遣日使節としてラクスマンが来航し、江戸幕府に対して開港提案をするも退けられた。その後、一八〇四年にはレザノフ使節が来航したが、結果は同じであり、両国の国交が樹立するのは、一八五五年のプチャーチン使節との間で締結された日露通好条約まで待たなければならない。

国境画定の条項を含むこの条約は、択捉島とそれ以南は日本領、ウルップ（得撫）島とそれ以北はロシア領と定め、箱館（函館）、下田、長崎の開港、そしてロシア領事の駐留を認めるものだった。

(2) 樺太・千島交換条約から大津事件まで

樺太が島であることを発見したのは間宮林蔵である。一八〇八年、最上徳内、松田伝十郎とともに樺太に派遣された間宮は翌年、樺太が大陸に続く半島ではないことを知った。日露通好条約は、当時のサハリン島（樺太）における国境線を定めなかった。同島は、すでに日ロ双方が進出しており、両国民が自由に活動できる地域とされたからだが、両国民が混住する樺太では、日本人とロシア人のトラブルが絶えなかった。そのため、明治政府は、樺太問題を早期に解決するため、一八七四年に榎本武揚を海軍中将兼特命全権公使としてペテルブルグへ派遣し、ロシア側との領土交渉に就かせた。その結果、翌年に日本が樺太全島をロシア領と認め、千島全島を日本領とする樺太・千島交換条約が締結された。

樺太・千島交換条約は日本国内ではロシアに対する屈辱外交ととられたが、明治政府は条約締結後、日本の漁民による樺太操業をロシア側に認めさせるなどして、日本の漁場も漁獲高も拡大させており、従来のような列強に結ばされた不平等条約ではなかった。

このように日ロ国境が画定し、両国関係が安定してきたなか、一八九一年五月、来日したロシア皇太子ニコライ（後の皇帝ニコライ二世）が、大津で護衛であるはずの津田三蔵巡査にサーベルで切りつけられる事件が起こった。世に言う「大津事件」である。幸い、ニコライ皇太子の命に別状はなく、明治天皇が直々に謝罪に出向いたこともロシア側に好印象を与え、この事件は無事に収束した。しかし、東へ勢力を広げようとするロシアに対して、日本国内では警戒心が高まっていった。

(3) 三国干渉と日露戦争

日清戦争に勝利した日本は一八九五年、清国側と下関で講和会議を行い、いわゆる下関条約を締結した。しかし、条約調印の六日後、日本に清国の利権を分け与えたくないロシア、フランス、ドイツが日本に対して割譲された遼東半島の放棄を要求した。ロシアを中心とする三国は、武力をちらつかせて威嚇し、日本はやむなく代償金と引き換えに、遼東半島を清国に返還することになった。

さらにロシアは翌年、清国との間で露清条約を結び、そのなかで、黒竜江、吉林両省を横断してウラジオストクに至る鉄道の建設や戦時および平時のロシア軍の鉄道利用を認めさせて、日本を刺激した。そして一九〇四年、日露戦争が始まった。同年十二月旅順を攻略した日本軍は翌年、奉天を占領。日露の主戦場は日本海へと移り、海軍大将・東郷平八郎率いる日本の連合艦隊が対馬海峡でバルチック艦隊を撃破し、日本を勝利と導いた。

一九〇五年九月、米国ニューハンプシャー州の軍港ポーツマスで、小村寿太郎外相とウィッテ蔵相の間で日露講和条約が取り交わされた。そのなかで、旅順港、大連ならびにその付近の領土および領水の租借権およびその一部をなす一切の権利、特権をロシアは日本に譲渡すること、北緯五十度以南のサハリン島（樺太）を日本へ譲渡すること等が定められた。

(4) ロシア革命とシベリア出兵

一九一四年に始まった第一次世界大戦で、ロシアは英仏の連合国側についたが、ロシア経済は戦争で疲弊し、食料品価格の高騰が都市労働者の不満を高めていた。そして、一九一七年十一月、レーニン率いるボリシェヴィキが権力を掌握、翌年一月に社会主義ソビエト共和国建国を宣言する。

これに対して、米国、日本、英国、フランス等諸外国はソビエト革命政権を打倒するための干渉を行った。日本政府はウラジオストクに日米同数の各七千人の陸軍を派遣するという米国側の提案を受けて、一九一八年八月、共同出兵の宣言を発し、日本軍と米軍はウラジオストクに上陸。しかし、その後、軍事干渉はことごとく失敗したため、一九二〇年一月には英国とフランスが革命干渉を中止する方針を明らかにした。米国も日本に撤兵の通告を行ったが、「過激派の勢力が朝鮮や満洲に波及するおそれがある」とする日本軍が撤兵したのは一九二二年一〇月であった。このシベリア出兵は、ソビエト・ロシアにおいて長く、日本に対する不信感として負の遺産となった。

(5) 第二次世界大戦末期のソ連軍の侵攻と北方領土問題

第二次世界大戦末期の日ソ中立条約を破棄してのソ連の対日参戦、そしてそれに続く日本人捕虜のシベリア抑留は、シベリア出兵のときにロシア人が感じたと同様に、数多くの日本人にロシアに対する不信感を抱かせることになった。そして、第二次世界大戦後、日本にとって、ソビエト・ロシアとの関係において最大の問題となり、その後、さまざまな意味で両国の交流拡大を妨げる要因となったのは、北方領土問題である。

両国間の国境は、上述のとおり、一八五五年の日露通好条約、一八七五年の樺太・千島交換条約によって、外交交渉により定められていた。しかし、日露戦争の際、日本軍は樺太（サハリン）全島を占領し、戦後の講和条約で南半分の割譲を受けた。この結果、南樺太は第二次世界大戦終結時まで日本が実効支配した。また、シベリア出兵の時期、日本軍は五年間にわたり、北樺太をも占領した。こうした戦時の状況のなか、ソビエト・ロシアは「失われた」領土の回復を目指し、米英ソ首脳によるヤルタ会談において、対日参戦の条件として、南樺太の返還と千島列島（クリル列島）の引渡しを挙げ、両国の合意を得た。

対日講和はアメリカ主導で進められたが、ソ連がすでに実効支配を行っていた事実は大きく、日本は南樺太と千島列島を放棄することを余儀なくされた。そして、その放棄する千島列島の中に、択捉海峡以南とされる南千島の島々が含まれるか否かが問題となった。南千島、すなわち択捉、国後、色丹、歯舞の四島は、日ロ間で初めて国境を定めた日露通交条約によれば、元来日本の領土であり、一九五一年のサンフランシスコ平和条約によって放棄するとした千島列島に含まれないとも理解できる。同条約第二章第二条によると「日本国は、千島列島並びに日本国が一九〇五年九月五日のポーツマス条約の結果として主権を獲得した樺太の一部及びこれに近接する諸島に対するすべての権利、権限及び請求権を放棄する」とあるが、条約では千島列島の範囲は明確になっていない。日本国内の解釈も、特に択捉、国後に関しては、二転三転した。

両国が国交を回復した一九五六年の日ソ共同宣言には「日本国及びソヴィエト社会主義共和国連邦は、両国間に正常な外交関係が回復された後、平和条約の締結に関する交渉を継続することに同意する。ソヴィエト社会主義共和国連邦は、日本国の要望にこたえかつ日本国の利益を考慮して、歯舞群島及び色丹島を日本国に引き渡すことに同意する。ただし、これらの諸島は、日本国とソヴィエト社会主義共和国連邦との間の平和条約が締結された後に現実に引き渡されるものとする」とあるが、国際関係の変化もあり、平和条約は締結されず、歯舞、色丹も返還されなかった。

ゴルバチョフ、エリツィン、プーチン各大統領の時代になってからは、首脳同士で領土問題が話し合われるようになった。日本政府も「政経不可分」から「重層的アプローチ」へと路線転換を図り、ロシアとの交流拡大を支持した。しかし、領土問題は日ロ両国にとって「のどに刺さった骨」として今日に至っており、具体的な解決の目処は立っていない。一方、政経不可分路線とは裏腹に、日本とロシアの経済関係は、国交回復以降の両国間の貿易額の伸びに見られるように、政治問題とは別に相互補完的に発展した。

2 「政経不可分」とは裏腹に取引増が続いた日ソ貿易

(1) 一九五六年の日ソ共同宣言以降、本格化した日ソ貿易

ソ連時代、日本とロシアの貿易が本格化したのは、一九五六年の日ソ共同宣言で、両国が国交を回復し、翌一九五七年に日ソ通商条約・貿易支払協定が締結されてからのことである。日ソ貿易拡大の契機となったのは、一九六〇年代前半の相次ぐ見本市の開催や人的交流である。一九六〇年八月、第一回「日本産業見本市」がモスクワで開催され、翌一九六一年八月には「ソ連商工業見本市」が東京晴海で開かれ、ミコヤン副首相が来日した。一九六二年八月には、小松製作所の河合良成社長を団長とする日本産業界の大型代表団がシベリアを視察した。一九六六年三月には日ソ経済合同委員会第一回会議が開催され、両国の産業界の首脳が初めて一同に会した。そして一九六八年には、日ソ間のシベリア開発協力プロジェクトの第一号案件として極東森林資源開発プロジェクトが成立した。一九六〇年代、日本はソ連から木材、石炭、石油、銑鉄、鉄鋼屑などを輸入し、ソ連へは船舶などの機械類の輸出をしていた。同時期は、日本の高度成長期と重なり、日本の工業力が高まるなか、日本にとってソ連は、原材料の供給先であり、製品の需要先でもあった。

(2) シベリア開発プロジェクト等により、ソ連の最大級貿易相手国に

一九七〇年代、日ソ間のシベリア開発協力プロジェクトは、日本輸出入銀行（現国際協力銀行）や、通商産業省貿易保険課（現日本貿易保険）による信用供与によって成り立つナショナル・プロジェクトとして大きな意義をもつに至り、日ソ貿易は拡大の一途を辿った。南ヤクート原料炭、ヤクート天然ガス、第二次極東森林資源、サハリン大陸棚石油ガス等、日ソ間の大きな資源開発プロジェクトが着手されたのはこの時代であった。また、日本の生産設備が品質的にも値段的にも国際競争力をもち始めた時期とも重なり、製鉄プラント、石油化学プラント、さらに建設機械、通信機械等の機械類、また、石油・天然ガスの開発および輸送用の油井用鋼管、輸送用ラインパイプの対ソ輸出が大幅に伸びた。

日ソ経済関係は、両国間に戦後一貫して横たわる領土問題のために、常に低調であったと誤解されていることは少なくない。しかし、実際には一時の例外を除き、両国間貿易は一貫して伸び続け、日本は、一九七〇年代を通じ、当時の西ドイツと並んでソ連の対西側先進諸国貿易のなかで最大の相手国であった。

図表3-1　日本とソ連との貿易動向

（単位1, 000ドル）

年次	総額	日本の輸出	日本の輸入	バランス
1957	21, 618	9, 294	12, 324	▲3, 030
1958	40, 250	18, 100	22, 150	▲4, 050
1959	62, 516	23, 026	39, 490	▲16, 464
1960	147, 001	59, 976	87, 025	▲27, 049
1961	210, 789	65, 380	145, 409	▲80, 029
1962	296, 699	149, 390	147, 309	2, 081
1963	320, 076	158, 136	161, 940	▲3, 804
1964	408, 539	181, 810	226, 729	▲44, 919
1965	408, 556	168, 358	240, 198	▲71, 840
1966	514, 383	214, 022	300, 361	▲86, 339
1967	611, 606	157, 688	453, 918	▲296, 230
1968	642, 530	179, 018	463, 512	▲284, 494
1969	729, 810	268, 247	461, 563	▲193, 316
1970	821, 970	340, 932	481, 038	▲140, 106
1971	873, 147	377, 267	495, 880	▲118, 613
1972	1, 098, 085	504, 179	593, 906	▲89, 727
1973	1, 561, 911	484, 210	1, 077, 701	▲593, 491
1974	2, 513, 785	1, 095, 642	1, 418, 143	▲322, 501
1975	2, 795, 818	1, 626, 200	1, 169, 618	456, 582
1976	3, 419, 335	2, 251, 894	1, 167, 441	1, 084, 453
1977	3, 355, 752	1, 933, 877	1, 421, 875	512, 002
1978	3, 943, 918	2, 502, 195	1, 441, 723	1, 060, 472
1979	4, 372, 145	2, 461, 464	1, 910, 681	550, 783
1980	4, 638, 099	2, 778, 233	1, 859, 866	918, 367
1981	5, 280, 121	3, 259, 415	2, 020, 706	1, 238, 709
1982	5, 580, 858	3, 898, 841	1, 682, 017	2, 216, 824
1983	4, 277, 250	2, 821, 249	1, 456, 001	1, 365, 248
1984	3, 912, 301	2, 518, 314	1, 393, 987	1, 124, 327
1985	4, 179, 838	2, 750, 583	1, 429, 255	1, 321, 328
1986	5, 121, 580	3, 149, 547	1, 972, 033	1, 177, 514
1987	4, 915, 138	2, 563, 284	2, 351, 854	211, 430
1988	5, 895, 660	3, 129, 901	2, 765, 759	364, 142
1989	6, 086, 203	3, 081, 676	3, 004, 527	77, 149
1990	5, 913, 802	2, 562, 831	3, 350, 971	▲788, 140
1991	5, 430, 542	2, 113, 711	3, 316, 831	▲1, 203, 120

（出所）財務省発表の貿易統計に基づきロシアNIS貿易会で作成。

3 急激に冷え込んだソ連解体後の日ロ貿易

(1) ピーク時の六分の一以下にまで減少した対ロ輸出

一九九〇年代の日ロ貿易、特に日本の対ロ輸出は著しく減少した。一九九九年の対ロ輸出は四億八〇〇〇万ドルと、日ソ貿易のピーク時の六分の一以下になり、日本の総輸出のわずか〇・一一%の割合であった。同年の中国の割合は五・五%であったので、当時、日本は中国にロシアの五〇倍の輸出をしていたことになる。

伝統的な、日ソ貿易の商品構造を概観してみると、対ソ輸出の中心は化学品、金属品、機械機器などの重化学工業品であった。通常では、これら商品が対ソ輸出の約八割を占めていた。機械機器の内訳をみると、鉱山・建設機械、荷役機械、金属加工機械など、いわゆる、生産財が主流であった。しかし、ソ連解体後の一九九〇年代、ロシア経済は混乱を極め、生産財の需要は落ち込んだ。また、円の高騰により、日本製の機械機器は価格競争力を減少させ、ロシアの需要者にとって割高感があるものになった。

さらに、日本の商社などが抱えたソ連時代の貿易代金未払いの問題や、ロシア極東における日ロ合弁企業が相次いでトラブルに巻き込まれ、撤退を余儀なくされたことも、ロシアとの取引を躊躇させる一因となった。

一九九〇年代に日ロ経済関係が行き詰ったのは、ソ連という国の解体によって、政治、経済を含む、社会のすべての機関、制度が混乱し、その結果、経済活動全体が落ち込み、需要が減退、さらにその混乱により、市場経済における基本的な約束事である契約の履行すらできない事態が多発し、日本の多くのパートナーの信頼を失ってしまったことが原因であった。日本企業は、ソ連時代にコミットが大きかっただけに、他国以上に多くの問題を抱えたわけである。

(2) 新たな形態による日ロ経済関係の発展の兆し

一方、この時期、日ロ貿易関係において、新たな動きが見られた。ソ連解体直後、ロシア社会は混乱し、経済活動は麻痺した。しかし、数年を経て、社会は徐々に平穏を取り戻した。また、ロシアが豊富に有する石油などの天然資源の国際価格が高騰し、ロシア経済の高揚を後押ししたこともあり、人々の暮らしは、急速に豊かになっていった。ソ連時代、日本製の高級耐久消費財を手にすることができたのは特権をもつ一部の人々であったが、資本主義下の新生ロシアにおいては、ある程度の富を得た市民たちが、そうした日本製品を自由に買い求めることができるようになった。こうして、一九九〇年代の半ばには、ロシアにおいて日本製の家電製品や乗用車が絶大なる人気を博することになった。

対ロ投融資に関しても、一九九〇年代の日本のシェアはきわめて小さかったが、日本企業がサハ

図表3-2　日本とロシアとの貿易動向

（単位1,000ドル）

年次	総額	日本の輸出	日本の輸入	バランス
1992	3,479,722	1,076,743	2,402,979	▲1,326,236
1993	4,270,018	1,500,792	2,769,226	▲1,268,434
1994	4,657,524	1,167,162	3,490,362	▲2,323,200
1995	5,933,473	1,170,137	4,763,336	▲3,593,199
1996	4,973,438	1,024,655	3,948,783	▲2,924,128
1997	5,033,260	1,014,853	4,018,406	▲3,003,553
1998	3,861,423	969,331	2,892,092	▲3,275,303
1999	4,236,704	480,700	3,756,003	▲3,275,303
2000	5,163,619	571,358	4,592,261	▲4,020,903
2001	4,591,897	717,501	3,874,396	▲3,156,895
2002	4,219,154	942,498	3,276,656	▲2,334,158
2003	5,981,899	1,763,948	4,217,951	▲2,454,003
2004	8,804,382	3,110,610	5,693,772	▲2,583,161
2005	10,689,790	4,485,278	6,204,512	▲1,719,234
2006	13,723,183	7,065,490	6,657,693	407,797

（出所）財務省発表の貿易統計に基づきロシアNIS貿易会で作成。

リン大陸棚石油ガス開発プロジェクトのような大規模な資源開発プロジェクトにコンソーシアムの一員として参加していたことも事実である。

また、一九九〇年代の日本のロシアからの輸入は、一九九五年に四七億六三〇〇万ドルとピークを迎え、ソ連時代のピークであった一九九〇年の三三億五〇〇〇万ドルを大幅に超えた。当時の対ロ輸入は、魚介類、木材、石炭、アルミ・同合金が中心であり、これら四品目で全体の七割を占めていた。

このように一九九〇年代、日ロ経済関係は、希薄化したようにも見えるが、従来とは違った形での発展もみられた。

4　二十一世紀の日ロ経済関係①　好調な日ロ貿易

(1)　日ロ貿易史上最高額を記録

二〇〇六年の日ロ貿易は、輸出入合計で一三七億二三一八万ドル（前年比二八・四％増）、日ソ・日ロ貿易の時代を通じて史上最高額を記録した。とりわけ日本側の輸出の拡大が目覚ましく、対ロ輸出額は前年比五七・五％増の七〇億六五四九万ドルに達し、底だった一九九九年から七年間で約十五倍に拡大した。一方、対ロシア輸入は前年比七・三％増の六六億五七六九万ドルで、全体として堅調に推移している。

(2)　自動車輸出の急増

日本の輸出増をもたらしている最大の要因は自動車輸出の急増である。二〇〇六年の乗用車、バス、トラックの輸出額（五二億五八九三万ドル）が輸出全体に占めるシェアは七四％（約四分の三）と、前年の六八％を超えている。

自動車のうち、新車は約七〇％を占めるが、ロシア極東では道路を走る自動車の九〇％以上が日本製中古車だ。日本の中古車の輸出先一位はダントツでロシアである(中古車輸出全体に占めるシェアは三〇％強）。二〇〇六年のロシア向け輸出台数は約三九万台で、二位アラブ首長国連邦の約十二万台を大きく引き離している。また、近年は中古建機の輸出も伸びてきている。

(3) 期待される投資財の輸出増

自動車の目覚しい急伸振りに比べると、それ以外の輸出、特に投資財は総じて低迷している。エネルギー開発需要に関連してここ数年活発な建設・鉱山用機械、さらには荷役機械が伸びてきたが、プラント関連の品目は低空飛行を続けている。

日本の対ロ輸出が急速に伸びているとはいえ、その商品構造は四分の三が自動車といういびつなものだ。自動車には引き続き日ロ経済関係の牽引役を期待するとしても、それ以外の商品、特に設備投資関連の品目の輸出増を図ることが課題だろう。

図表3-3　日本の対ロ輸出に占める自動車のシェア

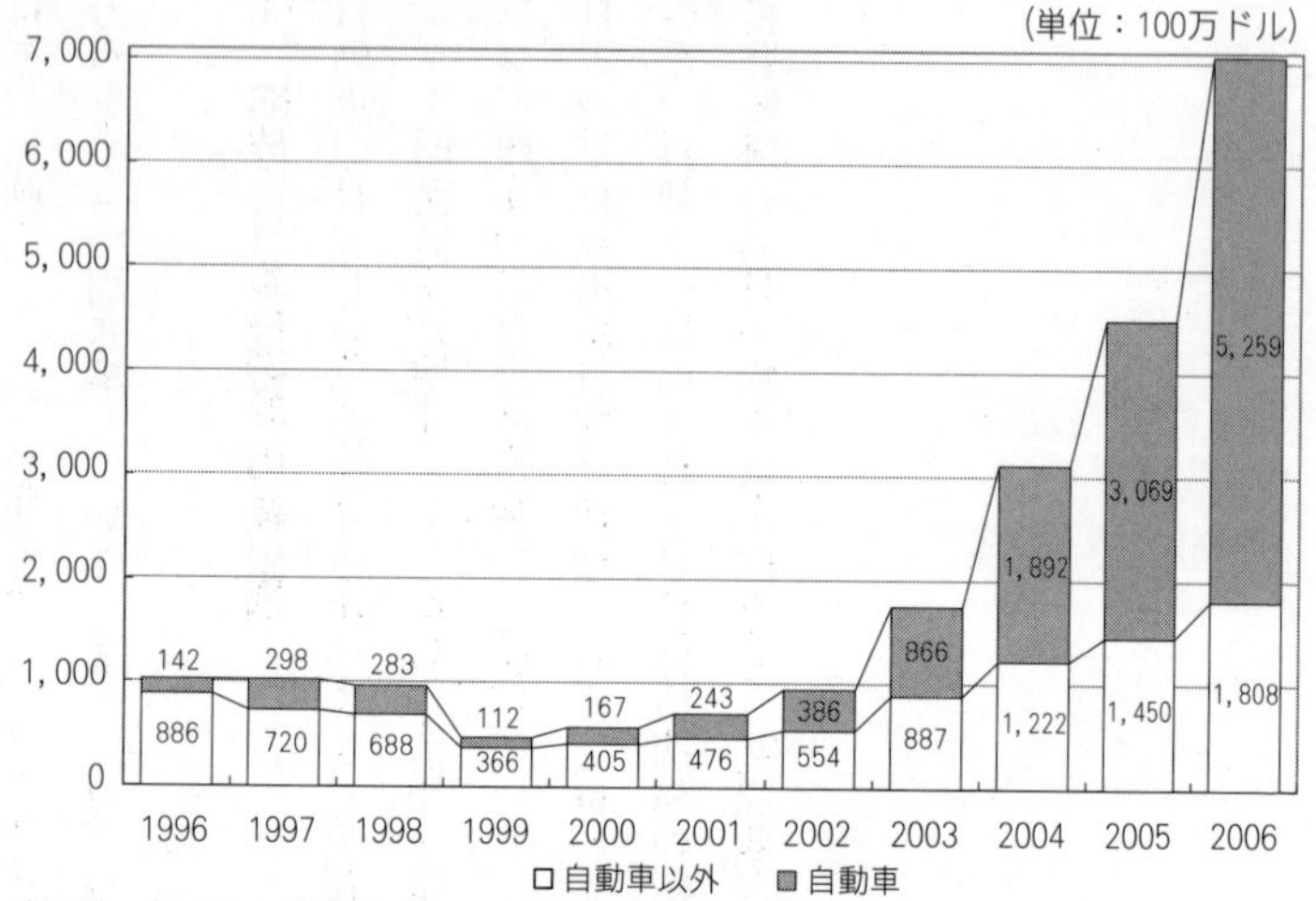

（出所）ロシアNIS貿易会『ロシアNIS調査月報』2007年５月号。以下、同じ。

図表3-4　日本のロシアからの主要品目の輸入動向

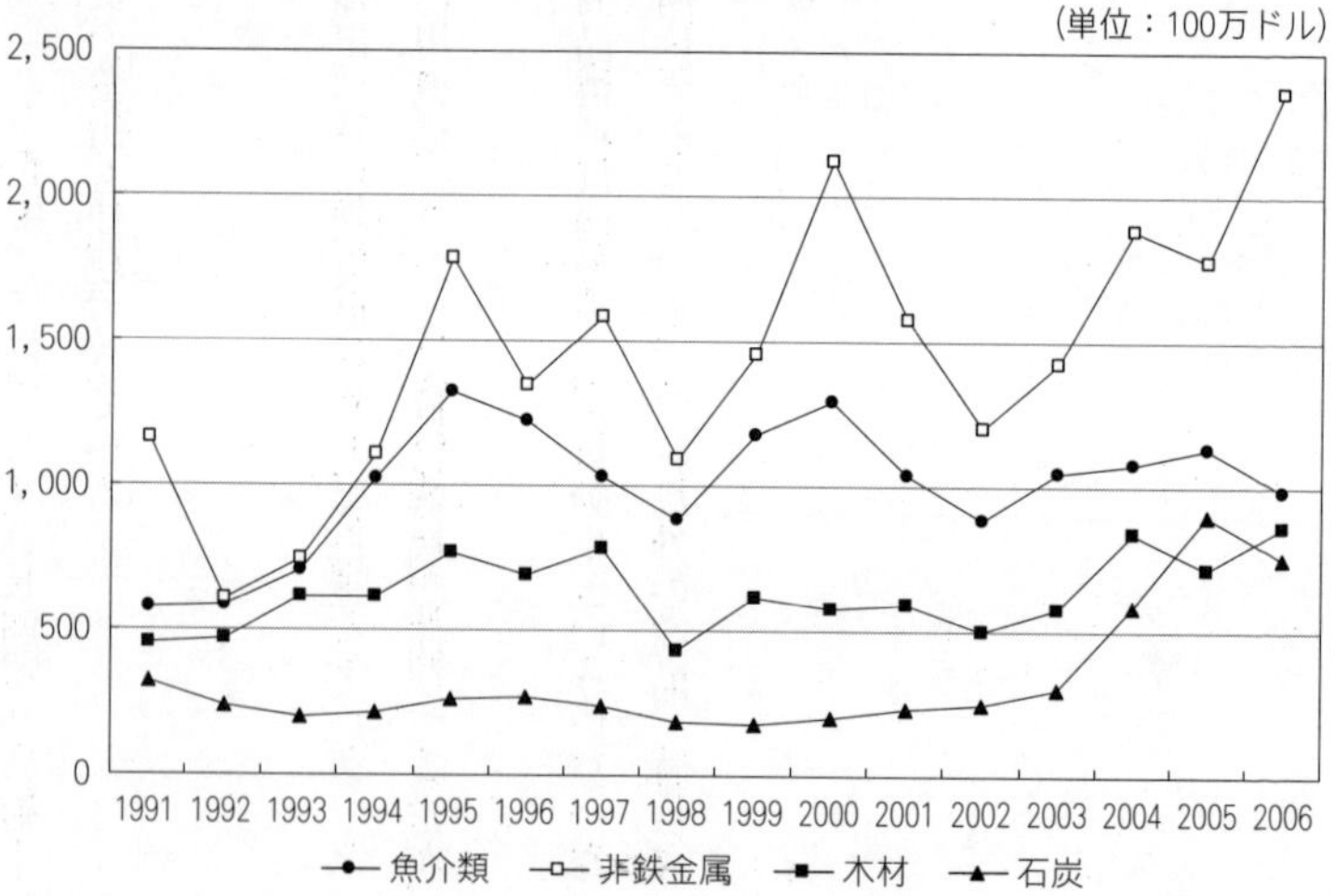

5 二十一世紀の日ロ経済関係② 外資系企業をめぐる新たな問題?

(1) 資源ナショナリズムの高揚か?

二〇〇六年九月、ロシア天然資源省はサハリン沖の石油・天然ガス開発計画「サハリン2」の環境に関する承認(二〇〇三年にサハリン2の第二段階開発計画に対して出されたもの)を、環境対策の不備との理由から取り消す決定を下した。この決定には、プロジェクト参入を目指すロシアの国営天然ガス会社、ガスプロム社の意向が働いたとの見方が有力であり、それを裏付けるかのように、その後のロシア政府とサハリン2の事業主体である「サハリン・エナジー・インベストメント」社(出資比率はロイヤル・ダッチ・シェル:五五%、三井物産:二五%、三菱商事:二〇%)との協議の結果、二〇〇七年二月、ガスプロムが、サハリン2の過半数の権益を取得するに至った。

同社はサハリン・エナジー・インベストメントの株式五〇%プラス一株を取得することで合意。四億五〇〇〇万ドルを支払い、シェルとそのパートナーの三井物産、三菱商事からそれぞれ持ち株の半分を譲り受けることとなった。

(2) 外資系企業が狙われているのか？

二〇〇四年秋、ロシア税務当局は日本たばこ産業（JT）の現地販売法人、JTI Marketing & Salesに対し、二〇〇〇年の企業利潤税に対する追徴課税として約二四億ルーブル（一ルーブルは約五円）、さらに二〇〇五年三月には現地生産法人ペトロに対して、二〇〇一年分として約四億二〇〇〇万ルーブルを課すとした。

これに対してJT側は、税務当局の通知を不服とし、サンクトペテルブルグの調停裁判所に提訴すると同時に、差し押さえの解除を求める仮処分申請を請求した。しかし、いずれも却下された。

一方、大陸貿易がソ連末期の一九八七年に日ソ合弁第一号企業として東シベリアのイルクーツク州に設立した製材企業「イギルマ大陸」は、ロシア経済の混乱期を乗り越え順調に発展し、すでに二〇年にわたって活動している。同社の製品はロシア製材品の代表的ブランドとして日本市場において確固たる地位を築き、同社は日ロ協業の最も具体的な成功例とされてきた。しかし、同社においても、数年前から、合弁企業を設立した際の約束事が反故にされるような形で民営化が進められようとしており、そうした流れに呼応するような形で、税務や労務に関するさまざまな問題が指摘され、係争問題に発展している。

(3) 経済好調のロシアに外資はすでに不要なのか？

上記の例は、好調な外資企業が狙い打ちされたと見えなくもないが、ロシアでは、ソ連解体後の経済の混乱期に端を発するさまざまな不正な企業活動、経済活動を法の原則によって見直すということがなされており、この対象は無論、外資のみではない。民営化の問題も見直すべき点の一つとされているが、これも外資が絡む案件のみが対象ということではない。

「ロシアの資源はロシアのために使われるべきだ」という資源ナショナリズムの声の高まりも、こうした文脈のなかで捉えることができる。つまり、石油ガス開発に多額の投資が必要なことはそのとおりであり、当時のロシアにその能力がなく外資に頼ったことも事実であるが、利益配分率など、多くの条件が、ロシア側から見て不公平ではないかとの疑義による、事業の再検討であろう。その場合も、従来の契約を反故にすることを前提とした検討ではないはずである。

一般論として「すでにロシアは外資の協力を必要とせず、既存の外資企業にも順次撤退願おう」との考えが広く流布しているということでは決してない。むしろ、今後、ロシアが資源中心の経済から脱却するためには外資との協力は不可欠であり、経済特区を設置したり、国内での組み立て作業用の部品に対する関税を低くする措置を実施したりして、外資の導入を試みている。

6 ロシア人の日本観　ビジネスパートナーとしてのロシア人

(1)『伝兵衛の物語』と『北槎聞略』日本人漂流民とロシア人

ロシア側の記録に初めて日本人が登場するのは、十七世紀末のことである。大坂の商人、伝兵衛は江戸へ向かう途中、嵐に巻き込まれ、長い漂流の後、カムチャツカに漂着し、生き延びた。その後、現地人に混じって生活していたが、ロシア人探検家に発見され、ヤクーツクを経てモスクワまで送還された。一七〇二年、伝兵衛を引見した皇帝ピョートル大帝は、彼の「賢明さと礼儀正しさ」に驚き、国費による生活保証と、ロシア語を学び、日本語を教えることを命じた。伝兵衛の語ったことは『伝兵衛の物語』と呼ばれるロシア語の調書となり、ロシアで最古の信頼できる日本に関する資料となった。

その後も、十八世紀を通じて多くの日本人漂流民がロシアに流れ着いた。井上靖作『おろしや国酔夢譚』で有名な大黒屋光太夫もその一人である。一七八三年、光太夫が船頭を務める神昌丸は、江戸へ向かう途中に嵐にあい、アリューシャン列島に流された。光太夫は、その後、長途の道程を経て、一七九一年、首都ペテルブルグで皇帝エカテリーナ二世に謁見し、帰国を嘆願した。そして翌一七九二年、光太夫ら三人は、ラクスマン等に同行され約十年振りの帰国を果たした。

光太夫の聞き取り調書は、桂川甫周による『北槎聞略』として残されているが、光太夫とロシア人の交流の様子が詳細に書かれており興味深い。ロシアに日本との通商という実利的な思惑があったことも事実であるが、市井の人ながら教養を備えた光太夫は、各地で厚遇を受け、皇族、貴族、豪商などとも知己を得、いろいろなところで日本のことを話した。また、エカテリーナ女帝も光太夫に大変興味を持ち、皇太子とともに何度も彼を呼び出し、日本の話を詳しく聞いたという。一方、光太夫は、帰国後、日本において、ロシア人の寛容さ、素朴さ、気さくさ、親しみ安さを雄弁に語り、常にロシア人の好意を強調した。

ロシアは、ピョートル大帝の時代から、欧州のみならず、東方にも注意を払っていたが、イルクーツク、モスクワ、ペテルブルグなどで、日本語学校を作り、漂流民を教師として迎え、彼らから日本事情を得ようとした。また、皇帝自らが漂流民に会い、直接彼らから日本事情を聞いたことも、儀式や形式にこだわらないロシアらしく、興味深い。もちろん漂流民のすべてが、読み書きに長け、今で言う、語学的センスがあったはずもなく、教師として務まらないことも多かった。しかし、庶民である日本人漂流民の立ち居振る舞いは、日本人の文化度の高さを知らしめ、ロシアにおける最初の良き日本人観を形成した。

(2) 日露通好条約の締結から日露戦争までの日本観

日ロ間の最初の条約である日露通好条約は、江戸時代末期の一八五五年、伊豆下田において結ばれた。この条約によって、両国は国境を定め、正式に国交を開始した。第一条には「今より後両国末永く真実懇にして」との一文があるが、同条約締結後、日本人とロシア人の交流は、運命の悪戯的なものから、公式的、かつ実質的なものへと変化していった。

条約交渉に通訳として同席し、その後、一八五八年から一八六五年まで初代駐日ロシア領事として函館に駐在したゴシケーヴィチは、幕府へ進言して、ペテルブルグへの日本人留学生の派遣を実現した。これら留学生のなかから、明治新政府の多くの人材が生まれた。また、榎本武揚をはじめとして、職業外交官や軍人としてペテルブルグに赴任した人のなかにも、後に活躍する人が多くいた。彼らは、当時のロシアのあらゆる社会情勢をつぶさに観察するため、現地にてロシア人と積極的に交流した。日露戦争前夜の十九世紀末から二十世紀初めにかけてロシアに滞在した日本人の多くには、潜在敵国としてのロシアの情報を収集するとの意識があったはずである。そして、当然、ロシア側もそのように感じていたに違いない。しかし、彼らの多くは、帝政ロシアが日本に対して友好的であること、ロシアの知識人の日本に対する関心が高いことなど、当時のロシア人がきわめて親日的であったことを報告している。

一方、当時、ロシアに滞在した日本人のなかには、もう一つのグループがあった、それは沿海地方を始めとするロシア極東地域に滞在した商人や職人、労働者などである。特に一八七六年に政府の貿易事務館がおかれたウラジオストクは、その後、長崎、敦賀、新潟、函館、小樽などと航路でつながり、二十世紀初頭にはおよそ三〇〇〇人の日本人が居住し、街の一角に日本人街が形成されたほどである。その職域も食堂、写真館、クリーニング屋、歯科医、仕立屋、小間物屋等々、さまざまなものに及んだ。彼らは地域住民と対立することはなかったが、地域に積極的に溶け込むという具合でもなく、仏教寺院を建立するなど、日本式生活を守っていた。しかし、当然、地域内のロシア人社会との接点は少なくなく、彼らによって、地域のロシア人のなかに一定の日本人観が生まれた。ウラジオストクに暮らす普通のロシア人のなかに、日本に関する総合的な知識があったわけではないものの、彼らの多くは、自らの正に隣人である日本人に対して、勤勉、几帳面、繊細、律儀、正直等ときわめて高い評価をしていた。当時のウラジオストクは、ロシア人や日本人以外にも、欧州人、中国人、朝鮮人等の住むコスモポリタンな都市であったが、日本人の評価は概して高く、地域住民との間で、正常かつ相互利益に裏打ちされた関係ができあがっていた。しかし、一九〇四年に勃発する日露戦争を前にほとんどの日本人はロシアを後にし、ウラジオストクにおける庶民レベルの日ロの隣人関係は消滅した。

⑶　ソ連時代　二十世紀前半　不信と無理解のなかで

二十世紀前半の日ロ関係は、日露戦争に始まり、一九一七年の社会主義革命により帝政ロシアが崩壊し、ソ連が誕生したことによる日本軍のシベリア出兵、第二次世界大戦と戦争一色であった。そして、大戦後六〇余年が過ぎた今日においても、領土問題は未解決のままであり、日ロ間には平和条約すら存在しない。

筆者も、日本の各地で日ロ経済交流の現状の話をする際、シベリアに抑留された方々の思いを聞くことは少なくなく、また、ロシアへ出張中、日本からの墓参団、遺骨収集の方々にお会いすることも多く、日ロ関係の複雑さを実感し、日本人のロシアに対するイメージが悪いことは、致し方がないとも思える。事実、さまざまな世論調査における国別好感度のなかで、ロシアは常に下位にある。

一方、これまで述べたとおり、ロシア人の日本に対するイメージは、少なくとも、日露戦争までは一貫して好ましいものであった。しかし、一九一八年から一九二二年までの日本軍によるシベリア干渉は、ロシアにおいてこれまでに醸成された良き日本観を根底から覆し、ソビエト・ロシアにおける対日感情は、長きに渡って、不信と無理解を前提とするものに変わった。

戦時において、交戦国国民が相互に相手を忌み嫌うことは十分理解できる。ロシア人にとってのシベリア出兵、日本人にとってのシベリア抑留しかりである。もっとも、シベリア抑留は戦後に行われた理不尽なことであるがゆえに、いっそう日本人のソビエト・ロシアに対する不信感、嫌悪感を増幅するものになった。しかし、その抑留体験記には、当時の過酷な労働条件、乏しい食事、そして、非情な収容所の管理者のことが書かれていると同時に、ロシア人の仕事仲間、地元のロシア人に関しては、暖かい交流の思い出が書かれている。彼らは、柔軟性、順応性、忍耐強さ等を、ロシア人の優れている点として挙げているが、現代のロシア人にも通じることでもあり、興味深い。

また、ロシア人のなかに残る日本人捕虜たちの記憶であるが、極東やシベリアの町で、古い立派な建物を見ていると、「これは日本人の捕虜が建てた」と言われることがよくあり、いまだに当時の日本人捕虜の方々の勤勉さと、技能の高さが語り継がれている。

(4) ソ連時代 二十世紀後半「日本の奇跡」を密かに賞賛

ソ連は第二次世界大戦の戦勝国であり、日本は敗戦国であった。それゆえに両国間の力関係には圧倒的な差があったが、時代状況に応じて、ソビエト・ロシアは国民に対して反日的プロパガンダを展開することもあった。しかし、領土交渉をはじめとする公的な場でのロシア人の日本人に対する態度はともかくも、限られた接触とは言うものの、一般のレベルでは、ロシア人の対日観は概して好意的なものであった。筆者がソビエト・ロシアを初めて訪れたのは、一九八三年九月である。横浜から船に乗りナホトカへ向かい、そこから列車でモスクワを目指した。途中、イルクーツクで一泊したが、一〇日間の旅のなかで、日本人ゆえに嫌な思いをするということは一度もなかった。実は、その列車での移動中に大韓航空機撃墜事件が起こり、到着したモスクワは、やや騒然とした感じであったが、その後、モスクワ大学で日本人留学生として暮らしたおよそ一年の間、日本人として褒められることはあっても、決して貶されることはなかった。

そのとき以来、実に多くのロシア人に会ってきたが、日本人に対する否定的な言動に接したことはほとんど皆無である。日本に関する情報が統制されていたソ連においても、歌舞伎や能、俳句や短歌、茶道や華道、そして柔道などの武道に対する関心は高く、文学作品においては、万葉集や古今和歌集などの古典、大江健三郎や安倍公房などの小説まで、欧米以上にさまざまな作品が翻訳され、筆者が会った人々はそうした作品をよく読んでいた。もっとも、彼らは普通のロシア人というのではないかもしれない。しかし、街中で、また、食堂や工場で顔を合わせ、言葉を交わす人々の中にも反日的なものは微塵もなく、戦後の高度経済成長に代表される「日本の奇跡」のこと、子供の頃に見た黒澤映画『姿三四郎』、『七人の侍』の素晴らしい思い出、プラント建設で一緒に働いた日本人技師の勤勉さと優秀さ等、日本が、そして日本人がいかに素晴しいかをとうとうと語り、こちらが赤面することもしばしばであった。こうした人たちは、日本に関するテレビ番組があるときは必ず見ているといい、ソ連共産党機関紙『プラヴダ』特派員として、一九六二年から七年間日本に滞在したオフチンニコフの名作『桜の枝』は、会う人すべてが読んでいるという感じすらした。そして「大きな声では言えないが」と前置きをして、ソ連の社会主義友好国であるアジアの国々と比べ、我々は日本にこそ関心があり、経済力、技術力、文化、芸術等、日本のすべてに対して尊敬と共感を持っていると熱弁した。

もちろん、日本人である筆者に話す言葉であるので、多分にお世辞も含まれているに違いない。しかし、二十世紀前半に見られた日本への不信感は少なくとも、大戦のロシア側勝利を経て変化し、本来日本人がもっている優れた面を、少ない情報ながら、もしくは情報が少なかったゆえに、やや誇張される形でロシア人が受け止めたのかもしれない。いずれにせよ、領土問題を抱え、政治的対話が進まず、交流が限られていたソ連の時代においても、少なくとも二十世紀後半においては、再び親日的な雰囲気が生まれていたことは間違いない。もちろん上記は、筆者のみの体験ではなく、戦後、日ソ貿易が本格化した一九六〇年代を皮切りに、何度もソ連に駐在された日本の商社マンの先輩方々の多くに共通する印象でもある。

(5) 新生ロシアの時代　自由な往来のなかの新たな日本人像

ソ連時代と比べ、日ロ間の人の往来も格段に増えた。毎日往復一便のロシア航空アエロフロートの東京・モスクワ便は、最近はいつも満員で、座席にはロシア人の姿が目立つ。もっとも、二〇〇六年の数字を見ると訪日外国人およそ七三三万人のうち、ロシア人は六万人と一％にも満たない。しかし、そのなかには、かつての体制であれば、決して訪日することはなかったと思われる人も多々見受けられる。筆者らが案内をするロシアの中堅企業の幹部たちは、初めて日本を訪れる人が多いが、日本の生産現場を見せると皆一様に驚く。日本の誇る自動車、家電、製鉄などの大工場だけではなく、それを支える下町の鋳物加工工場の熟練の技はまさに「日本の奇跡」そのものであると感心してやまない。一方、昔と違って、彼らは欧米や中国、韓国の関連企業ともコンタクトがあり、それらの国々の工場も見学している。したがって、日本の工場すべてを絶賛するわけでもない。

今のロシア人は、現実の日本に、そして日本人に直に接することが多くなり、その素晴しさを再認識するという側面もあるが、かつてのように「伝説の国日本」との幻想は、当然のことながら、薄れつつある。とはいえ、日ロ両国の中堅企業の方々の往来は始まったばかりであり、ロシア人の日本および日本に対する尊敬や憧れの念はそう簡単に変わるものではない。ある意味で、現実に知れば知るほど、本当に素晴しいと感じるロシア人経営者は少なくないはずである。しかし、何でも早く知りたがるロシア人に、モノはいいのにうまく説明できず、常に本部の了解を求める日本人という組み合わせは、なんとうまくいかず、口八丁、手八丁の欧米やアジアのライバルに出し抜かれ、結局、日本人もロシア人も損をするという図式があるのも事実であろう。

三〇〇年の歴史を数える日本人とロシア人の交流の歴史のなかで、ロシア人のなかに日本に対する不信感があった時期は、むしろ例外である。相互交流が自由にできるようになった今、本当の意味で、日本経済を支える中堅企業の経営者、ビジネスマンの方々が、その誠実さと、製品の品質で、これまで長きに渡ってロシア人がもってきた、日本と日本人に対する良好な意識を裏打ちすることができれば、ロシアとのビジネスはきっとうまくいくはずである。

7 日本の中堅企業にとってのロシア市場　ニューフロンティア誕生か?

(1) 社団法人ロシアNIS貿易会（ROTOBO）のビジネスマッチング事業

筆者らが勤務する社団法人ロシアＮＩＳ貿易会（以下ＲＯＴＯＢＯ）は、日ロ企業間の貿易および投資の促進のためにさまざまな事業を行っている。第五章では「ロシア企業へのコンサルティング型専門家派遣事業」について言及し「ロシアビジネスの成功事例」を挙げている。各社に強い意思と実力、そして素早い経営判断があった結果であることは言うまでもないが、各社とも、本事業によって然るべきビジネスパートナーを得ることができ、日ロ間で事業を開始された。

同事業は二〇〇一年度から実施され、日本とロシアの中堅企業とのビジネスマッチングを試みている。個々によって成否の度合いは異なるものの、ほとんどのケースにおいて、この事業をきっかけとして、何らかの形での日ロ企業間の取引が始まった。この事業での経験から言えることは、好調な経済成長を背景として、ロシアのさまざまな地域、産業で日本のハードとしての機械設備、ソフトとしての生産技術が求められており、ロシア企業とうまく連携できれば、日本企業が進出をして成功を収める可能性は高いということである。

(2) 北九州とチェリャビンスクのビジネスマッチング

近年、ROTOBOでは、北九州とチェリャビンスクの企業間でのビジネスマッチングを積極的に進めている。きっかけは日本貿易振興機構（JETRO）北九州貿易情報センターが二〇〇四年二月に地元で開催したロシアセミナーで筆者が話をしたことであるが、北九州にチェリャビンスクを紹介したのは、双方が製鉄業を中心に発展してきたからであり、北九州企業のもつ製鉄関連のさまざまな技術に対して、ロシアのなかで最も需要が高い地方の一つが、チェリャビンスクであろうと思われたからである。

二〇〇五年の数字を見ると、チェリャビンスク州は、ロシア連邦の八四の連邦構成主体のうち、地域総生産で第一二位、そして地域総生産のおよそ半分を占める鉱工業生産は第六位であった。製鉄業においては、ロシア国内で中心的な位置を占め、国内の粗鋼生産の二五％、圧延鋼材の二二％、鋼管の二〇％を生産している。ちなみに、チェリャビンスク州のあるウラル地方はロシアの工業生産の三〇％を占めるロシア最大の工業集積地帯である。

二〇〇五年八月には、北九州から初の経済ミッションをチェリャビンスクに派遣したが、参加者の多くは、ロシアとのビジネスの可能性が十分に高いことを実感したが、実際には、言葉や商習慣の違いなど、日本の地方の中堅企業が直接ビジネスを展開するには、越えなければならないハードルが高いとの印象を持った。実際、チェリャビンスクにおける日本企業のプレゼンスは、当時はほとんど皆無に等しかった。しかし、同州の主要産業である鉄鋼業が必要としていたのは、省エネ、省資源のための技術という、日本が最も得意とする分野であった。

(3) 高いロシア製造業の設備更新需要

このような状況をかんがみ、北九州とチェリャビンスクで、ミッションおよび専門家の相互派遣を行うなど、ROTOBOのさまざまな事業を進めてきた。その結果、主として製鉄業で利用される日本の計測器のOEM生産およびロシアでの販売、日本の技術によるロシアでの製綱スラグ処理事業の展開などの分野で、北九州とチェリャビンスクの企業間で成約に至った。さらに、二〇〇七年九月、一〇月に環境技術、製鉄技術の専門家を北九州からチェリャビンスクに派遣した結果、複数の企業間で具体的商談が始まった。

ROTOBOでは、北九州においてはチェリャビンスクの潜在需要の高さを示し、また、チェリャビンスクにおいては北九州の技術力の高さを示すという努力を続けているが、これを支えて頂いているのが、北九州市役所、北九州国際技術協力協会（KITA）、チェリャビンスク州および市の行政府、立法府、チェリャビンスク・ワールド・トレード・センターなど地元の機関である。このように、個々の企業のみでなく、地域や業界などで相談頂ければ、ROTOBO事業のなかで取り上げ、ロシアでの需要先探しや接触など、さまざまな協力が可能であろう。

いずれにしても、現地機関と連携して、ロシア製造業の設備更新需要に日本企業のもつ多様な技術を提供できれば、両国間に新たな協力の分野が広がろう。

⑷ 求められる日本の機械設備情報

ロシアの中堅企業にとって、日本の機械設備の魅力は、品質と機能性の高さであろう。また、ファクトリー・オートメーションやブランド・マネジメントなど、生産を支えるソフトの部分への関心も高い。実際、ロシアの経営者たちは日本の製造業における「カイゼン」や「5S」のことをよく勉強しており、会話のなかでも「ゲンバ」や「カンバン」などという言葉をよく耳にする。書店にも日本式経営に関する書籍が数多く並んでおり、ロシア企業の日本に対する関心は高い。そういう意味で、日本企業のチャンスは多岐にわたると思われるが、ロシア企業の大半には、日本企業やその製品に関する個別詳細な情報がない。

ロシアの中堅企業の幹部に聞くと、機械設備に関する情報の最も重要な入手先は見本市であるという。実際、彼らは地方の比較的大きな都市やモスクワ、さらに欧州で開かれる見本市に実によく足を運んでいる。その場で現物を見て、説明を聞いて、担当者と直接話をする。そして、投資額がそれほど大きいものでなければ、その場でほぼ購入を決めてしまうという。しかし、彼らは決まって、ロシアの展示会で日本企業と会うことはほとんどないともいう。

ロシアの中堅企業の幹部は、日本製の機械設備の価格と機能の情報があれば非常に助かるとよく言う。それは、比較的最近購入し、現在彼らが使用している欧州製の機械に必ずしも満足していないからである。面と向かってその機械が「よくない」とは言わないものの、工場見学の最中に案内の技師と二人きりになったときに話を聞くと「実は」ということがよくある。日本製品の質の高さは一様に認識されており、見本市などで上手に情報発信できれば、地方も含め、ロシア市場において十分に需要を喚起することができるであろう。

実際に、ある日本の木材加工機メーカーが、同社の最新鋭の合板製造機械をドイツの見本市に出展したところ、訪問客であったロシアのコミ共和国の木材加工企業から引き合いがあり、結局、その出品していた機械を販売することができた。日本側は「そんな国があるのか」と心配したが、ロシア側にとっては、合板機械は欧州製よりも日本製のものが優秀であると調査済みで、ようやく見つけた日本企業であった。

(5) ロシア市場の見方・攻め方

筆者は、過去五年ほどの間に、ロシアのさまざまな地域のさまざまな産業分野で一〇〇を超える企業を訪問し、数百人のロシアの企業家と会った。ロシアは資源産業以外に見るべきものはなく、他の産業分野の企業は設備投資を怠り、旧態依然としており、生産財の販売先としても、まして、生産協業のパートナーとしても、ビジネスは成り立たないと言われていたが、実際には、ロシアの中堅企業の経営者はきわめて優秀で仕事熱心であり、優良な企業が、モスクワに限らず、地方においても続々と生まれていた。そして、多くの中堅企業において、非常に積極的に設備投資が行われていたことは驚きであった。上記の例のように、少々価格が高くても、性能、耐久性に優れており、最終的にコストパフォーマンスに優れる日本製品は必ず受け入れられるはずと思えたが、設備投資需要の大半が、欧州製の機械によって賄われていたことは残念であった。

一方、筆者が担当した事業のなかで思わぬ失敗をし、ロシアとのビジネスの難しさを実感したこともある。それは、ロシアにおけるモノ作りの伝統の欠如という社会主義時代の負の遺産が、製造業における日ロ協業のボトルネックになると思えたことである。ソ連解体後に高等教育を受けた世代のうち、時代の趨勢とはいえ、極度に拝金主義的な考えをもち、さらに、近年のややバブル的な経済成長のなかで「成功」を収め、自らの能力をやはり極度に過大評価する若い経営者たちが製造企業のなかで実権を握るとき、こうしたロシア企業と何十年にも渡ってモノ作りの伝統を築き上げ、そのことにこそ誇りをもつ日本の中堅製造企業の協業は、相互理解との観点で難しいと思えた。よく「ロシアの若い経営者とはまだ話ができるが、旧ソ連時代から居残る古い経営者とは全く仕事ができない」との声を聞くが、必ずしもそうではない。

ロシアに限ることではないが、結局は人である。そして、その人を見極めることこそ、古今東西同様の難題であるのかもしれない。しかし、ロシア人は概して開放的で本音で話をするので、日本人にはわかりやすい。ロシアにおけるビジネス成功の鍵は、現地によきパートナーを見つけ、そのパートナーと「ウィン・ウィン」の関係を築くことにある。

Column

ロシア料理　この一品　③

セリョートカ・ポッド・シューバイ　Селёдка под шубой

ロシアのレストランでは、個々に注文するときは、サラダ、スープ、メイン、デザートと紅茶といった感じで勧められることが多い。しかし、このように頼むと、大抵の日本人には多すぎる。サラダかスープのどちらかを選ぶのが無難であろう。もっとも、サラダを含む前菜は、色々なものを頼み、皆でシェアをして食べるのがロシア的である。ロシア料理の「華」は前菜にあり、世界三大珍味とされるキャビアのみならず、肉、魚、キノコなどさまざまな食材の料理がテーブル一杯に並べられ、美味しさにつられ、もしくはそれが前菜のみであると気づかずについつい食べ過ぎると、メインの前にお腹が一杯ということになる。また、これらの前菜は「基本設計」がウォッカの「肴」としてできているので、概して塩味が強い。「タマダ」と呼ばれるテーブルマスターの絶妙の話術で酒も肴もついつい進みがちになるので、初めてのロシア訪問の際は、要注意である。

さて、前置きが長くなったが、前菜の一つとして、ロシア料理で供されるサラダは種類が多く、味もバラエティに富み、どれも大変美味しい。お勧めは「セリョートカ・ポッド・シューバイ」、訳すれば「毛皮コートの下のニシン」サラダである。ニシンの塩漬けの上に、何層にも茹でたニンジンや卵やジャガイモを重ねていき、一番上の層には赤いビートと白いチーズが乗り、ニシンが素敵な毛皮のコートを纏っているかのように美しく準備される。手間がかかることもあり、大切なお客を家に招くときに主婦が腕を振るうという種類の料理で、食卓で大皿のものをケーキのように切り分けて食べるのが普通であるが、個々の頼むメニューとしてレストランにもあるので、是非お試しあれ。

筆者が食べた最も美味しかったこのサラダは、モスクワ駐在中、階下に住むイングーシ人の奥さんの手作りのものである。一九九九年秋に勃発した第二次チェチェン戦争の最中、チェチェン共和国の首都グローズヌィからモスクワに移り住んだご家族であったが、モスクワ在住の親戚、同郷人が集まったパーティーに呼ばれた時に頂いた。コーカサスとロシアの料理が等しく並ぶテーブルで、彼らの苦労話を聞いたとき、多民族国家ロシアの光と影を見たような気がした。

（岡田邦生）

第四章　ロシアビジネスの成功マニュアルを伝授

1 出入国と滞在

(1) ビザ取得の準備期間

ロシアへの渡航にはロシアでの滞在期間・渡航目的などが明記された査証（ビザ）を取得しなければならない。ロシアのビザには、①観光ビザ、②業務ビザ、③トランジットビザ、④外交・公用ビザがあり、一般のビジネスマンがロシアに入国するために取得するビザは、①もしくは②となる。うち、②業務ビザの場合、ロシアの企業・組織から招聘状を取得するのに通常二週間〜一カ月ほどかかる。また、招聘状を添えてビザ申請を行ってからビザが発給されるまで通常八日間は必要である。ゆえに招聘状の手配は、遅くとも出発予定日の三週間以上前に始めなくてはならない。その際、ロシアの祝祭日も考慮すること。緊急申請も特別料金を払えば可能ではあるが、「ロシア外務省の公電の取扱いが急に変更されたために取扱ができない」というようなことも生じるので、早めに準備をしておきたい。

(2) 必要な申請書類

①パスポートコピー（写りが鮮明なもの）、②個人データ（ビザ申請者の氏名、生年月日、住所・

電話番号、パスポート番号、勤務先、役職、勤務先住所、電話・FAX番号。以上をすべて英語かロシア語で記載する）、③滞在期間（ビザには滞在期間が明記されるため、招聘状申請の段階で期間を具体的に申告する必要がある。予定変更に備えて長めに申告しておいた方が無難）、④訪問都市（原則として招聘状に記載のない都市に滞在することはできないので、訪問する可能性のある都市はすべて申請しておいた方がよい）。

また、ビザの種類には入国回数に応じて、シングルエントリー・ビザ（期間中一回入国できる）、ダブルエントリー・ビザ（期間中二回入国できる）、マルチプルエントリー・ビザ（最長一年間で、期間中何度でも入出国ができる。ただし年間の滞在日数は合計一八〇日を限度とし、一回の滞在は連続して九〇日間を超えてはならない。）がある。ロシアを訪れる機会の多いビジネスマンはもちろん、ロシアを経由して他のCIS諸国*を訪問する場合（その際に一回出国すれば、シングルエントリー・ビザはその時点で効力失ってしまう）など、できることならマルチプルエントリー・ビザを取得するのが望ましい。ただし、そのための招聘状を取得するには通常のシングルエントリー・ビザよりも長い期間を要し、費用も割高となる。

(3) 入国手続き

ロシア入国にあたっては、パスポートおよびビザに加えて、出入国カードが必要となる。出入国カードは機内で配られるので、飛行機のなかであらかじめ書いておくこと（英語かロシア語）。入国審査では、パスポートに入国スタンプが押され、出入国カードと一緒に返される。同カードはパスポートとともに、ロシア滞在中は常に携帯していなければならない。

税関申告は所持金が合計一万ドル未満の場合は不要である。申告する場合は、機内でもらう税関申告書二枚の所定欄に記載し、パスポートとともに提示して検査を受ける。これで入国手続きは終了だが、モスクワの代表的な国際空港、シェレメチェヴォ空港から都心へのアクセスは、モスクワ南部のドモジェドヴォ空港に比べると、非常に悪い。空港前は乗用車やタクシーでごった返していることが多く、タクシーのほとんどが白タクである。できれば事前にホテルまでの車を手配しておくべき。

(4) ホテル事情

ソ連時代には「バスタブの栓がないのでお湯が溜まらない」とか「そもそもお湯が出ない」などということもあった。新生ロシア時代になってからは多くの面で改善されており、特にモスクワでは外資系ホテルも増えたこともあって、選択肢の幅は広がっている。

しかし、ホテル代は高騰している。とりわけ国際見本市の開催期間ともなると「見本市価格」として、宿泊料が通常の二~三倍に跳ね上がる。「アメリカなら一二〇ドルくらいのチェーンホテルがモスクワだと四〇〇ドルを超える」とは日系企業のロシア担当者の弁だが、前年泊まったホテルの宿泊料が、今年になって一〇〇ドルも値上がったという話も珍しくない。

(5) 世界で一番物価高の都市

経営コンサルタント会社、マーサー・ヒューマン・リソース・コンサルティング（http://www.mercer.com）が二〇〇七年六月に発表した「二〇〇七年の世界で生活費の高い都市別ランキング」によると、モスクワは前年に引き続き、二年連続して世界で最も高い都市にランクされた。これはニューヨークを一〇〇とした場合の各都市の指標を表したもので、ユーロ高で欧州の各都市が前年に引き続き、上位一〇都市のうち六都市を占めている。ちなみに二〇〇五年に一位であった東京は四位（前年三位）、大阪は八位（前年六位）。ロシア第二の都市、サンクトペテルブルグは一二位（前年一二位）だった。

ただし、住みよい世界都市ランキングとなると、話は違ってくる。英国『Economist.com』（二〇〇七年四月九日）の評価によると、気候、安全性、利便性、物価等の要素を勘案しての順位で、モスクワは犯罪率とテロの危険性の高さ、交通インフラの未整備がマイナス要素として評価され、全一三五カ国中七五位。一位はバンクーバー、東京は一九位、ニューヨークは五六位だった。

(6) 出国手続き

モスクワの中心部は常時渋滞といっても過言ではない。眼と鼻の先にあるアポイント先に向かうにも、一方通行や交通事故などによる通行規制に遭遇すれば、一時間以上かかることもある。また、週末ともなれば、郊外の「ダーチャ」と呼ばれるロシア風別荘に向かう自動車の列で大通りが埋まっ

図表4-1 2007年における生活費の高い都市トップ50

順位	都市名	指標	順位	都市名	指標
1	モスクワ	134.4	26	マドリード	92.1
2	ロンドン	126.3	26	上　海	92.1
3	ソウル	122.4	28	キエフ	91.4
4	東　京	122.1	29	アテネ	90.6
5	香　港	119.4	30	アルマティ	89.6
6	コペンハーゲン	110.2	31	バルセロナ	89.2
7	ジェノヴァ	109.8	31	ブラチスラバ	89.2
8	大　阪	108.4	33	ダカール	89.0
9	チューリヒ	107.6	34	ドバイ	88.8
10	オスロ	105.8	35	アビジャン	88.3
11	ミラノ	104.4	36	グラスゴー	88.1
12	サンクトペテルブルグ	103.0	37	ラゴス	88.0
13	パ　リ	101.4	38	イスタンブール	87.7
14	シンガポール	100.4	39	ミュンヘン	87.6
15	ニューヨーク	100.0	40	フランクフルト	87.4
16	ダブリン	99.6	41	バーミンガム	87.2
17	テルアビブ	97.7	42	ロサンジェルス	87.1
18	ローマ	97.6	43	ルクセンブルク	87.0
19	ウィーン	96.9	44	ブリュッセル	86.5
20	北　京	95.9	45	アブダビ	85.9
21	シドニー	94.9	45	ベルリン	85.9
22	ヘルシンキ	93.3	45	デュッセルドルフ	85.9
23	ストックホルム	93.1	48	台　北	85.8
24	ドゥアラ	92.9	49	プラハ	85.6
25	アムステルダム	92.2	50	アルジェ	85.1

（注）米国ニューヨークを100とした場合の指標。
（出所）Mercer Human Resource Consulting

てしまう。そのため、帰国する際には、時間的余裕をもって都心から空港に向かうこと。遅くとも飛行機の出発の二時間前には到着しておくべきである。

ロシアから出国する場合には、入国時とは逆に税関検査、パスポート・コントロールの順になる。税関申告書は入国時の申請書とあわせて提出するが、ここで入国時よりも所持金が増えていると問題となり、証明書の提出が求められる。航空会社のカウンターでの搭乗手続きの際、モスクワからアエロフロートに乗る場合は、無料で持ち込める荷物の許容量（エコノミー二〇kg、ビジネス三〇kg）が厳格に適用される。しかも、機内持ち込みの手荷物も加算されるケースがあるので注意しておくこと。

＊CIS諸国＝一九九一年十二月のソ連解体後、バルト三国を除くソ連邦を構成していた一二ヵ国によって結成された国家連合体だが、うちトルクメニスタンは準加盟国であり、現在正式加盟国は一一ヵ国。正式加盟国は、ロシア、ウクライナ、ベラルーシ、モルドバ、カザフスタン、キルギス、ウズベキスタン、タジキスタン、アゼルバイジャン、アルメニア、グルジア。CISとはCommonwealth of Independent Statesの略。

2 ロシアのパートナー探し

よきビジネスパートナー企業を探す一つの方法として、ここでは日露貿易投資促進機構を紹介する。

(1) 日露貿易投資促進機構

同機構は日ロ政府の合意により、二〇〇四年六月に設立された。主な活動は日ロ両国のビジネス関連の制度や有用情報の収集と提供、両国間の取引に興味を持つ企業データベースの整備と提供(情報提供サービス)、両国企業からのビジネスに関する問い合わせに対する助言、両国企業の商談ミッションの実施に際しての面談アレンジ、日ロ両国の企業間における紛争の発生の未然防止、または解決するための両国企業への必要に応じた助言等である。

(2) 同機構の具体的なサポート

①ロシア企業情報データベース

日露貿易投資促進機構の日本側事務局を務めるROTOBOは、ロシアの取引相手を探す際のサポートとして、同機構のインターネットサイト(http://www.jp-ru.org)を開設している。ここには六〇〇〇件を超えるロシア企業情報が掲載されているデータベースがあり、無料で利用できる。

ロシア企業情報データベースは、企業名、所在地、業種、取扱品目、日本企業への提案事項で絞り込めるようになっており、ウェブサイトのアドレス、連絡先、資本金、売上、従業員数等の詳しいデータが得られる。また、日本貿易振興機構（ＪＥＴＲＯ）の引き合い案件データベース（ＴＴＰＰ）(http://www3.jetro.go.jp/ttppoas/indexj.html) にもロシア企業の情報が掲載されている。

②在ロシア・日本センター

一九九四年以降、日本政府はロシアの市場経済改革支援の一環としてロシア連邦内七カ所に日本センターを設置し、将来のロシア経済を担う人材を育成するため、経営関連講座・日本語講座等、さなざまな技術支援を行っている。同センターが実施するロシア人ビジネスマン向けセミナーの受講者は、これまで四万人近くに及び、卒業生会やビジネスマンクラブを形成している。そうしたなかには日本に対して親近感をもっているロシア企業家が多いので、ロシアとのビジネスに豊富な経験を有する各日本センターの所長に具体的な相談にも応じてもらえる。

③ロシア側事務局

日露貿易投資促進機構のロシア側カウンターパートは、日本企業の情報データベースを構築している。ロシアの取引相手を探す日本企業は、ＲＯＴＯＢＯを通じて、このデータベースへの掲載を依頼し、該当するロシア企業を紹介してもらうことができる。

(3) セミナー、ミッション、メッセ

最近はロシアの中央政府のみならず、地方政府や経済団体のミッションが多く訪日するようになり、投資プレゼンテーションやビジネスマッチングが頻繁に開催されるようになった。また、日本の地方自治体、商工会議所、貿易促進団体、同業者組合等がロシアへの市場視察ミッションを派遣しているので、そうしたものに参加するのも方法の一つである。

ロシアで開催される見本市への出展も効果的だろう。たとえば二〇〇七年に開催されたPRODEXPOには、日本の飲料や食品メーカーが展示・商談会を行っている。また、ある家具メーカーは、ドイツで毎年開催される世界最大級の国際家具見本市「ケルンメッセ」に出展したところ、同見本市を訪れたモスクワのデザイン事務所が同社のカタログ資料を持って、モスクワのレストランにテーブルや椅子を提案したことがきっかけとなり、その後も継続的な取引が行われている。

(4) コンサルティング・サービス

パートナーが見つかっても、とんとん拍子で取引が進むわけではない。インターネットやEメールでのやり取りでは取引が成立しなかったり、継続的な取引につながらなかったりといったケースもある。

そこでROTOBOは、相談企業または企業グループが取引相手との直接の商談のためにロシアを訪問するのに際して、ロシアビジネスに詳しい同会の専門家や同会が委託する外部の専門家を同行させ、ロシアとの取引の基礎的なアドバイス、商談用資料の作成、取引相手の選定、契約書作成、通訳、輸出入の各種手続き（通関、輸送方法、販売、認証取得）、クレームやトラブルの回避方法等、貿易取引・投資案件の成就をサポートするコンサルティング・サービスを行っている。

(5) パートナー探しの苦労

すでにロシアに進出している日系企業に、それに至るまでの苦労を聞くと、必ずといってよいほど返ってくる答えは「パートナーを見つけること」である。あるメーカーの担当者は、ロシアでの販売代理店を探すために一年以上をかけ、計二〇社と面接を重ねた。そのなかの一社をパートナーに選んだ決め手は、「ブランド・ビジネスを大事にする企業文化を持っている会社」とのことだが、ロシア企業との付き合いで注意することとして、「ロシアは欧米型の契約社会とは若干違う。日本人から見ると、アジア的というか、人と人とのつながりが重要な役割を果たすので、そこがつかめるとビジネスは早く進むが、つかめないと騙されたり、失敗したりする」点を指摘する。

また、同じBRICs諸国である中国との比較について、中ロを相手に長く仕事を続けている専門商社の社長は、両国の一番大きな違いとして「ロシアではナンバー2と会っても意味がない」ことを挙げる。ロシアの場合、権力は一つであり、生殺与奪の権利をもっているのは一人。それに

図表4-2　日露貿易投資促進機構概略図

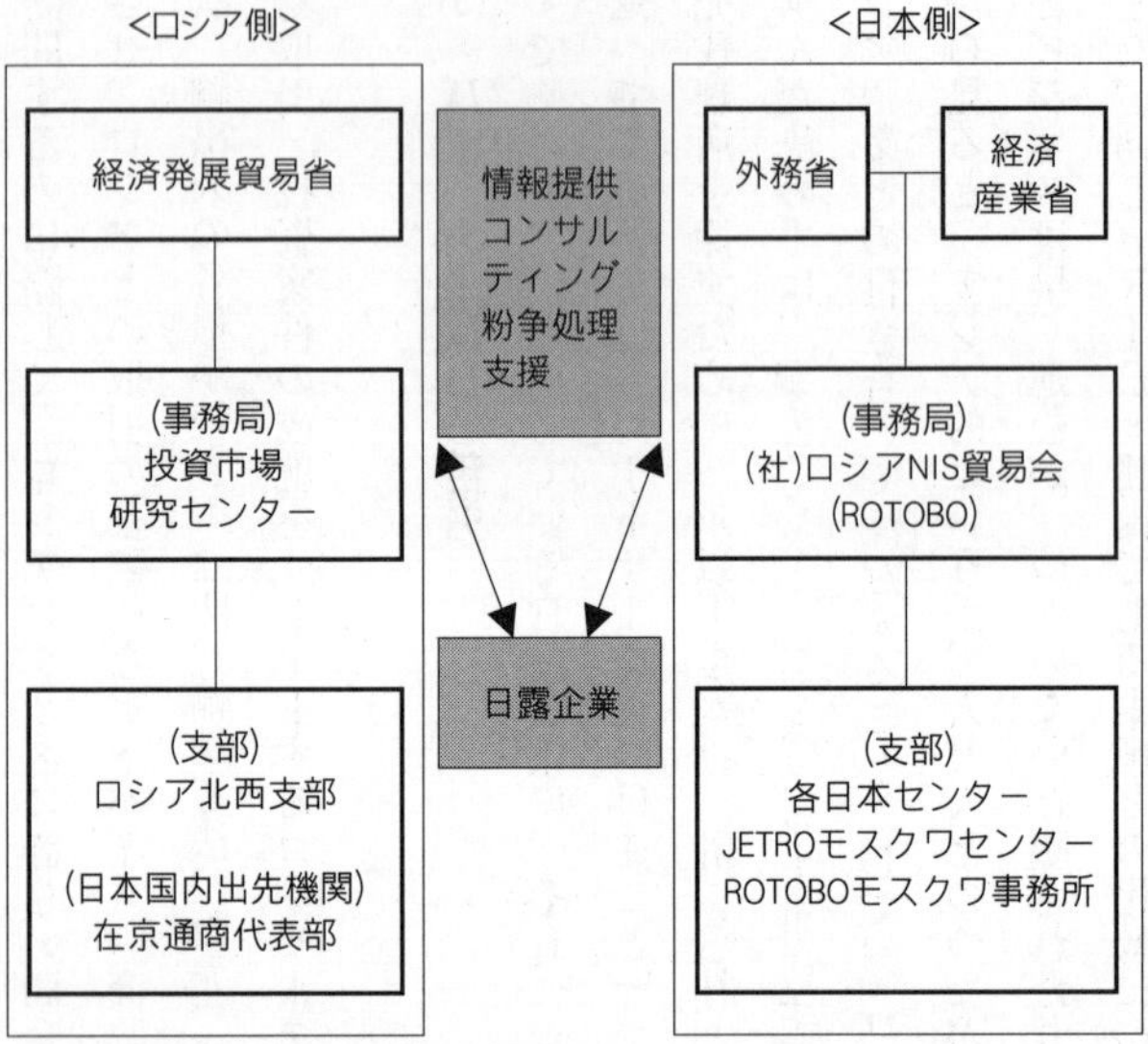

(出所) 外務省HP (http://www.mofa.go.jp)

対して、中国ではナンバー3か4とのコンタクトが大事になる。というのも企業のトップは政治局員、ナンバー2は共産党員であることが多く、実権を握っているのはその下の人間だからだ。交渉事も、とっつきやすい中国企業に比べると、ロシア企業は愛想がなく、アポイントをとるのにも数カ月かかったりするが、相手の懐に入ってしまえば、話は何事もスムーズになることも多いという。ただし、ビジネス案件成約後のウォッカの乾杯攻勢には注意されたし。

3 日本企業の進出状況

(1) 日系企業の進出状況

日系企業の進出は件数、金額とも、他の先進国と比較すると非常に小さく、どのくらいの数の日本企業がロシアに進出しているか、正確な件数を把握するのは難しい。日本財務省による対外直接投資データも届出ベースの統計であり、一〇〇〇万円以下の投資は届出を免除されているから、必ずしも網羅的ではないのである。各種報道や企業への聞き取りなどによる調査によれば、二〇〇七年十二月末時点での日系現地法人の稼動件数は約一四〇件であった。

(2) 対ロ・イメージの悪化

ソ連解体後、日系現地法人の設立が続いた。当初は極東地域での設立が多かったが、同地域の合弁ホテル三件がロシア側によって乗っ取られる事件がロシアビジネスに携わる日本人関係者に大きなショック与えた。これによって、ロシアのイメージが悪くなり、結果的にロシア向けの投資も低迷した。加えて、ロシア側の経済混乱と日本のバブル崩壊による日ロ経済関係は長い低迷期に入った。

一九九〇年代半ばに入ると、資源調達を目的とする極東よりも、大市場を当て込んでのモスクワへの進出が増えてきた。とはいえ、製造業では日ソ合弁第一号のイギルマ大陸（大陸貿易が四九％を出資。イルクーツク州）、NEC Neva Communication（日本電気が四五％、三井物産が一〇％、住友商事が一〇％を出資。サンクトペテルブルグ市）、ボル・グラス・ワークス（旭ガラスのベルギー子会社が二六％出資。ニジェゴロド州）Hitachi Svetlana Power Electronics（日立製作所と現地企業の合弁。サンクトペテルブルグ）、ＪＴＩ（ＪＴの子会社。サンクトペテルブルグ市）の現地法人等限られており、進出形態は合弁ではなく、一〇〇％外資輸入販売代理店が多かった。また、一九九六年を底に上向きに転じたロシア経済は、一九九八年の通貨・金融危機で再び落ち込みに見舞われ、日系企業の撤退が相次ぎ、モスクワにある日本商工会の会員企業は五〇社足らずにとどまった。

(3) 急増する日本企業

その数が急増するのは、原油価格の高騰を背景に、ロシア経済が成長基調に入って消費ブームが起こる二〇〇〇年代からである。とりわけ二〇〇五年にトヨタ自動車がサンクトペテルブルグでの工場建設を公式に発表して以降、日系企業の進出は加速した（トヨタの新工場ＴＭＭＲは二〇〇七年十二月に生産を開始）。

現在、ジャパンクラブ（二〇〇七年四月にモスクワ日本商工会や日本人会などが統合された）のメンバーになっている日系企業の数は、二〇〇七年七月現在で一六四社である。同年末には一七〇

図表4-3　2005年以降の主なロシア進出事例

進出年	進出した日本企業（カッコ内は出資比率）	進出地	概　要
2005	双日（51）	ハバロフスク地方コムソモリスク・ナ・アムーレ市	ダリレスプロム（35）、ハバロフスク州政府（14）との合弁企業設立を決定。合板用単板（ベニヤ）製造。
2005	横浜ゴム（85.1） 伊藤忠商事（14.9）	モスクワ市	自動車用タイヤの販売会社YOKOHAMA RUSSIA LLCを設立。
2005	日本電気（90） NECヨーロッパ（10）	モスクワ市	販売会社NEC Infocommunications（NEC Infocom）を設立。
2005	トヨタ自動車 EBRD	サンクトペテルブルグ市	ロシアで初となる新工場Toyota Motor Manufacturing Russia（TMMR）の建設を決定。2007年12月に生産開始。
2005	日新（100）	モスクワ市	通関を軸としたフォワーディング業務、倉庫業務、モスクワ在住日本人を対象とする引越業務を柱とする「日新RUS」を設立。
2005	旭ガラス	モスクワ州クリン市	ベルギー子会社グラバーベルが1億6,000万ユーロ強を投資し、板ガラス工場を新設。
2005	マツダ自動車（100）	モスクワ市	これまでの現地事務所を同社100％資本のディストリビュータとする。
2005	ヤマハ発動機（100）	モスクワ市	輸入販売子会社Yamaha Motor CISを設立。
2006	日本郵船（100）	サンクトペテルブルグ市	同社定期航路部門の代理店として「NYK Line（Rus）LLC」を設立。
2006	日本通運	サンクトペテルブルグ市	ドイツにおける現地法人ドイツ日本通運有限会社（100）を通じて、サンクトペテルブルグ市に新会社「サンクトペテルブルグ日本通運有限会社」を設立。
2006	豊田通商（50） トヨタ紡織（50）	サンクトペテルブルグ市	自動車用シートを生産する新会社の設立を発表。
2006	日産自動車（100）	サンクトペテルブルグ市	車両組立工場を建設することを発表。2009年の稼動開始を予定。

2006	三菱商事	モスクワ市	同社の物流事業会社である三菱商事ロジスティクス（100）が物流子会社MC Logistics CISを設立。
2006	双日（51）	ハバロフスク地方コムソモリスク・ナ・アムーレ市	フローラ社（49）と合弁会社「コムソモルスク・フォレスト・プロダクツ」を設立。乾燥ベニヤ板加工工場を建設。
2006	いすゞ自動車	ウリヤノフスク州ウリヤノフスク市	ロシアの自動車メーカーSAA社と業務提携し、小型トラックの現地生産を始めると発表。
2006	デンソー	ウラジオストク市	Center of Repair Technologies社を母体とするデンソー・ウラジオストク・サービス・センターを設立。
2006	加賀電子	モスクワ市	加賀インペックス（100）の現地法人として、電子部品、半導体、産業機械等の仕入・販売を行うKaga Impex, LLCを設立。2008年１月には完全子会社化。
2006	みずほ銀行	モスクワ市	みちのく銀行が所有するロシア現地法人（みちのく銀行モスクワ）の発行済普通株式（100％）を取得することで合意。2008年１月にモスクワみずほコーポレート銀行に名称を変更。
2006	三菱東京UFJ銀行（100）	モスクワ市	現地法人、ユーラシア三菱東京UFJ銀行を開設。
2007	三井物産（51） 森精機（49）	モスクワ市	販売・サービス会社Mori Seiki Moscowを設立。現地代理店への販売支援およびエンドユーザーへのアフターサービス体制を構築。
2007	東海運（100）	モスクワ市	輸出入貨物の国際運輸代理業務を行うため「東CIS」を設立。
2007	ポーラ（100）	モスクワ市	ロシア現地法人を設立し、モスクワの百貨店に出店。
2007	資生堂（100）	モスクワ市	ロシア現地法人を設立。化粧品の輸入・販売。

2007	郵船航空サービス	モスクワ市、サンクトペテルブルグ市	欧州統括会社である欧州郵船航空（100）がモスクワ駐在員事務所を現地法人に格上げ。サンクトペテルブルグ市の支店開設の許可も申請。
2007	ヤマハ（100）	モスクワ市	楽器やAV機器の販売子会社ヤマハ・ミュージック・ロシア（YMR）を設立すると発表。
2007	スズキ（50） 伊藤忠商事（50）	サンクトペテルブルグ市	サンクトペテルブルク市シュシャリー地区における自動車組立工場Suzuki Auto MFG Rusの建設を決定。
2007	ティラド（50）	ニジニノヴゴロド市	自動車用熱交換器生産の合弁会社RMS（Russian Machines System）の設立を発表。
2007	いすゞ自動車（29） 双日（5）	タタールスタン共和国エラブガ市	セヴェルスターリアフト（66）との3社合弁でトラックの生産・販売会社、セヴェルスターリアフトいすゞ株式会社を設立。
2007	大同メタル	ニジェゴロド州ザボルジエ市	ロシアの自動車メーカー、セヴェリスターリアフトの100％子会社の自動車エンジン用軸受メーカー、ZMZ-Bearings社を買収。
2007	住友ゴム工業（75） 住友商事（25）	モスクワ市	市販用タイヤの販売強化のため、販売会社「ダンロップタイヤ・シーアイエス（Dunlop Tire CIS）」を設立。
2007	東銀リース（100）	モスクワ市	ロシアにおける初の日系総合リース会社「ユーラシア東銀リース」を設立。車両、機械設備、オフィス機器等の総合リース業。
2007	IHI（49）	モスクワ市	トラックメーカーZil社（51％）とともに自動車部品の合弁企業アルファ・オートモーティブ・テクノロジー設立。
2007	コマツ（100）	ヤロスラヴリ市	建設機械およびフォークリフトをはじめとしたユーティリティ（小型機械）の生産会社設立を決定。2010年6月の生産稼動を目指す。

（出所）各社へのヒアリングおよび各社HP、『ロシアNIS調査月報』の「業界トピックス」、その他各種報道などから作成。
（注）カッコ内は出資比率。

社を超え、二〇〇八年には二〇〇社に達すると予測されている。今後は、輸入販売子会社という形態だけでなく、製造分野での合弁企業も増えていくと思われる。

4 現地法人の設立

(1) 企業設立の手順

ロシアにおいて外資による現地法人の設立手続きをする際、申請者（ロシア企業の設立者である外国企業の経営者、設立される会社の経営者もしくはこの企業を代表する権利をもつ別の者）は登記に必要な書類をもって、直接、ロシア連邦税務局監督機関に提出しなければならない。登記に必要な書類は以下のとおりである。

・所定の書式による国家登記申請書
・設立総会議事録もしくは企業設立決定書（設立者が一名の場合）
・設立される企業の定款
・設立契約（設立者が二名以上の場合）
・ロシア企業を設立する外国企業の登記簿謄本
・国家手数料に関する領収書もしくは納付依頼書
・所定の書式による税務登録申請書

これらの書類によって国家登記ならびに税務局における納税者としての登録が行われる。法律上、

図表4-4　企業設立の手順

法人の国家登記のため、組織の設立文書および その他の文書を準備する

↓

資本金（もしくはその一部）が金銭によって形成される場合、 銀行に一時的（預金）口座を開設する

↓

法人を国家登記する（同時に税務局に登記される）

↓

市中央印鑑登録原簿において印鑑を作成する

↓

地域の統計局に届出	社会保険基金に届出	年金基金に届出	強制医療保険基金に届出

↓

銀行に決済口座を開設

書類の審査は五日以内で行われ、それが終わると次の書類が交付される。

・法人国家登記証明書。すなわち法人の単一国家登記簿に記載されたことに関する証明書（この場合は同時に基本的国家登記番号が与えられる）、または国家登記却下に関する決定書

・税務登録および納税者番号交付に関する証明書

・連邦税務局監督機関で登録された定款

・国家登記簿の謄本

登記簿を取得した会社が事業を開始するためには、さらに地域の統計局、社会保障基金、医療保険基金、年金基金に届出を行い、また会社印

を作成して、銀行口座を開設しなければならない。これらを完了するのに、さらに数週間を要することになる。

(2) 会社の法的形態

法人の創設者になれるのは以下のとおりである。

・ロシアの市民
・国有資産を管理するロシアの連邦行政機構または連邦構成主体（州など）の行政機構
・市町村の行政機構
・社会団体
・外国の法人および各種の組織、外国の市民
・国営企業または公営企業の職員集団

外資とロシア企業との間で合弁企業を設立する場合には、通常、株式会社が選択され、公開型株式会社と閉鎖型株式会社に分かれる。合弁事業の運営管理に適しているのは閉鎖型株式会社であろうが、出資比率を五〇％対五〇％にするのは非効率であるとの指摘がある。日本側が主導権を握るのであれば、最低五〇％＋一株が望ましいだろう。意思決定の迅速さや乗っ取り防止という観点からいえば、一〇〇％外資企業の方がよいであろうが、この場合には、むしろ有限会社が選択されることが多い。

(3) 現地法人設立のメリット

日本のある専門商社のケースを紹介しよう。同社はロシア人二名、日本人一名を発起人として有限会社を立ち上げた。代表取締役には発起人の一人であるロシア人が就任、登録住所も発起人の住むアパートにした。つまり、実質的な現地法人経営者である日本人が取締役として名を連ねてはいるものの、日本とは全く切り離して手続きを行ったのである。そのため日本からの書類を作成する必要はなく、登記に要した日数は二週間だったという。

たとえば、駐在員事務所を設立するにあたって、所在地はどこにするか？　どこに電話番号を置けばいいか？　具体的な問題で頭を悩ますことになる。ところが、同社はすでに現地法人を設立していたので、事務所、スタッフ、所長宅、電話・ファクス・インターネット・携帯電話の契約・登録、社有車の購入・登録等すべてを現地法人と業務委託契約を交わす形にしたことで、手続きが非常に簡略化された。

現地法人（および駐在員事務所）設立に必要な書類はすべてロシア語に翻訳し、それは現地の公証機関で認証を取得せねばならない。ある日本企業のモスクワ駐在員は事務所登録の手続きを開始して、正式に開設するまでに半年を要したという。前記の例は、なるべく煩雑な書類の準備などに時間をかけずに済ませるための、やや〝裏技〟的な方法ともいえる。

図表4-5　有限会社と株式会社の違い

	有限会社	株式会社
資本の配分	定款資本は、会社の債務に責任を負わない出資者の「持分」に分かれる。	定款資本は額面を記した一定数の株券に分かれる。
出資者の権利と責任	民法87条により、出資者は事業に関連した損失に対し、その出資分の範囲内でのみ責任を負う。出資者数は50名以下でなければならない。	株主の権利、その譲渡および停止が、すべての株券の保有・譲渡と結びついているのが特徴。【公開型】株式譲渡の制限は原則なし。株主数の制限なし。上場企業として、財務情報等についての所定の開示義務がある。【閉鎖型】株式を譲渡する場合、既存株主に先取権を与えなければならない。株主数は最大50名までに制限。財務情報等の開示義務はない。
最低資本金	法定月額最低賃金の100倍（1万ルーブル）。	【公開型】法定月額最低賃金の1,000倍（10万ルーブル）。【閉鎖型】法定月額最低賃金の100倍（1万ルーブル）。
設立諸文書	設立契約書と、設立契約書の調印後に出資者により承認された定款。会社が1人の人間によって設立される場合は、定款が唯一の設立文書となる。	定款が唯一の設立文書となる。定款には、定款資本額、株券の種類と発行方式、組織と権限、その他「株式会社法」に規定された各種の情報が記載される。

5 駐在員事務所の設立

(1) 届出先

ロシアに設立された外国企業の駐在員事務所はロシア法人ではないが、設立の手続き自体は、地域によって差異は見られるものの、現地法人のそれと多くの点で共通している。

まずは認証状を発行する機関および税務局への届出を行う。認証状とは、ロシアの当該国家機関が出す、外国企業がロシアにおいて代表機能を果たすことに対する許可状である。現在、認証状を発行する権限のある国家機関には、国家登記所、ロシア連邦商工会議所、ロシア中央銀行等があり、大多数の外国企業は国家登記所か商工会議所で認証状を取得している。

(2) 国家登記所

国家登記所は一九九四年、政府決定に基づいて当時の経済省の下部機関として設置された。一九九八年には司法省の傘下に移っている。国家登記所は、外国企業代表事務所の認証状発行、外資参加企業の国家登記を実施し、ロシアで認証を取得しているすべての外国企業代表事務所の総合リストを作成している。国家登記所に提出する書類は以下のとおりである。

・駐在員事務所開設の許可を求める申請書（外国企業の自社の用紙にロシア語で作成する。企業長の署名と会社印を添え、法人の社名、創設年月日、所在地、事業分野、ロシアでの駐在員事務所の開設目的、ロシア側パートナーとの協力関係とそれに関する今後の見通しを記す）
・企業の定款またはそれに順ずる文書
・本店の所在する国での企業の登記証明書（発行から六カ月以内のもの）
・ロシアでの駐在員事務所開設を決めたことを示す外国法人の文書
・本店の所在する国のメインバンクが発行した企業の支払い能力に関する推薦状（発行から六カ月以内のもの）
・企業長が発行したロシア駐在員事務所の所長宛の権限委任状（形式は自由。基本的に無期限に有効）
・ロシアで駐在員事務所を開設する際に国家登記所において手続きを行うことを代理人（たとえば開設される事務所の現地職員になる人物等）に委任した委任状
・駐在員事務所に関する規定（事務所の活動内容）
・予定される事務所の住所を確認する文書（オフィスの賃貸契約書のコピー等）
・ロシア企業二社による推薦状（これまでの協力関係のあらましを述べたもの。推薦するロシア企業の用紙に記入し、企業長の署名と会社印を添える）
・駐在員事務所に関する登録カード（二部）。国家登記所が配布したものに記入し、代表者が署名、会社印を付す

図表4-6　登記用文書の作成手順

(日ロともに締結している1961年のハーグ条約で定められたもの)

企業長（ないしはその代理人）は、日本語のオリジナルとロシア語訳を日本の公証人役場に持参する。公証人は、ロシア語が真正であることを企業長の名において証明する英語の公証を作成する。

↓

企業長は、上記の公証に署名し、公証人はその署名が真正であることを証明する。

↓

（東京であれば）東京法務局が、認証を行った公証人の権限を証明する。

↓

日本の外務省が、アポスティーユ（付箋による証明）を付与して、これらの法的手続きを証明する。

↓

在京ロシア大使館の領事部、または各地のロシア総領事館が書類の中身が正確であるかどうかを確かめ、日本語書類の原本とロシア語訳の原本のすべてのページに領事印を押す。領事部は、翻訳が正確であるかどうかをチェックし、修正を加える権限がある。

・認証状の発行手数料を銀行振り込みした際の領収書のコピー。手数料は外国本社から銀行振り込みをすることができる。

以上のうち、「企業の定款またはそれに順ずる文書」「本店の所在する国での企業の登記証明書」「ロシアでの駐在員事務所開設を決めたことを示す外国法人の文書」「本店の所在する国のメインバンクが発行した企業の支払い能力に関する推薦状」は、原本をロシア語訳して提出する必要がある。

これらの手続きにより書類がすべて正しく作成されていれば、

受理からだいたい三週間後には認証状が発行される。

(3) ロシア連邦商工会議所

ロシア連邦商工会議所も一九九三年七月三日付連邦法に基づいて、外国企業の代表事務所に認証状を発行している。提出すべき書類は、国家登記所の場合と大きく変わらない。あえて同会議所のメリットを挙げるとすれば、ロシア全土に事務所を持つそのネットワークであろう。ロシア連邦商工会議所は東京事務所を含めて、海外にも事務所を開設している。

ロシア連邦商工会議所で認証を受けた外国企業の駐在員事務所は、同会議所より、ロシアの銀行におけるルーブルおよび外貨の口座開設やビザ・サポート、同会議所主催の会議やセミナーへの参加、ロシア各地の行政府ならびに企業とのコンタクトをとるためのサポート等のサービスを受けることができる。これまで同会議所が認証した外国企業の比率は、一位がドイツ(シェア一六%)、二位が米国(同九%)、三位が英国(六%)であり、日本は中国、韓国と同じ三%で続いている。

(4) 会社印の作成

駐在員事務所の会社印は事務所を運営するうえで、必要不可欠のものである。日常業務においては、一日に何度も使用することになり、ロシア語、英語、日本語と三つの丸印をつくっておくべきだろう。会社印の作成は現地法人のそれとほとんど変わるところはない。

(5) 税務局への届出

駐在員事務所が届出を行う窓口は、財務省の下部機関である連邦税務局である。モスクワの場合は、外国法人・個人を専門に担当する第三八地区間税務局が窓口となる（地方ではそのような専門の税務局がなく、外国とロシアの区別なく一緒に処理される）。外国法人の駐在員事務所が税務局に提出する書類は以下のとおりである。

・駐在員事務所の認証状または開設許可証のコピー（ロシアにおいて公証人による認証を受けたもの）
・企業の定款またはそれに順ずる文書（以下はすべてロシア語訳を添付）
・本店の所在する国での企業の登記証明書（発行から六カ月以内のもの）
・ロシアでの駐在員事務所開設を決めたことを示す外国法人の文書
・駐在員事務所に関する規定（事務所の活動内容）
・本店の所在する国のメインバンクが発行した企業の支払い能力に関する推薦状（発行から六カ月以内のもの）
・企業長が発行したロシア駐在員事務所の所長宛の権限委任状（形式は自由。基本的に無期限に有効）
・企業の税務を会計会社もしくはコンサルタント会社が代行する場合には、駐在員事務所長が当該の会社に出した委任状が必要（ただし、それには公証人の認証は必要ない）。
・所定の書式に基づいた税務申請書。所定の用紙は第三八地区間税務局か、会計会社で入手できる。

6 モスクワのオフィス事情

(1) 拡大するオフィス市況

モスクワ市の不動産市況は上昇を続けており、商業スペースは二〇〇一年の四〇万平方メートルから二〇〇七年には四七〇平方メートルにまで拡大している。建設ラッシュもとどまるところを知らず、フェデレーション・タワー（二〇〇八年完成予定。九三階建て。高さは三五四メートル〔尖塔の頂上までは四三二メートル〕、面積四二万三〇〇〇平方メートル）、ロシア・タワー（二〇一二年完成予定。一一八階建て。高さ六一二メートル、面積四〇万平方メートル）というヨーロッパ最高の超高層ビルが建設中である。

モスクワを拠点とする不動産会社ブラックウッド・リアルエステート社が発行する『Commercial Real Estate Market Overview』（二〇〇七年一月〜三月）によると、二〇〇六年のオフィス用不動産の面積は前年よりも七二万平方メートル拡大し、新築もしくは改築されたオフィスビルのそれは同年末時点で五二〇万平方メートル近くに達した。

なかでも特徴的なのは、オフィスビルの中心部から郊外への移転である。ここ数年、その傾向は続いており、モスクワの外環状道路沿いには、オフィスセンターやビジネスパーク等が設立されている。

郊外移転の理由としては、中心地におけるオフィス不足のほか、交通アクセスのよさも挙げられる。モスクワ中心部は交通渋滞が年々ひどくなっており、むしろ郊外への立地の方が移動時間の計算が立ちやすいこと、空港に近いというロジスティックの有利性が重視されていることが考えられる。

(2) クラス別カテゴリー

ブラックウッド社はオフィスのカテゴリーを大きくＡＢＣに分けている。

①Ａクラス
新築もしく完全修復済みのオフィスビル。地下またはフェンスによって仕切られた駐車場および警備員付き。セキュリティ面では、武装したガードマン、画像監視および遠隔制御システムの設置。また、各通信ラインへのアクセス、衛星放送、インターネット接続等の情報機能が完備。

②Ｂクラス
新築、修復済み、もしくは旧式ビル。必ずしも駐車場は完備されておらず、セキュリティ面は管理人およびドアフォン設置レベル。通信システムは電話線への接続可程度。

③Cクラス

上記レベル以下。このクラスの需要はほとんどないのが現状である。

(3) オフィス需要の内訳

国内外の企業が集中するモスクワでは、オフィスの建設が需要のスピードに追いつかず、深刻なオフィス不足の状況が続いている。二〇〇六年に賃貸もしくは売却されたAおよびBクラスのオフィス面積は一三〇万平方メートル。うち購入物件は三八％。空室率はAクラスが二％以下、Bクラスは四・五％であった。

二〇〇七年一月～三月におけるオフィス需要に関するデータによれば、賃貸希望企業のうち、Aクラスを希望する会社は全体の四一％（二〇〇六年平均は五四％）、Bクラスは五七％（同四二％）、Cクラスは二％（同五％）となっている。広さに関しては二〇〇平方メートル以下が四二％（同四八％）、二〇一～五〇〇平方メートルが三四％（同三三％）、五〇一～一五〇〇平方メートルが一六％（同一三％）、一五〇〇平方メートル以上が八％（同六％）。

購入物件に関しては、クラス別のシェアは、賃貸の場合とさほど変わらないものの、広さでは、五〇一～一五〇〇平方メートルを希望する企業が三五％と一番多かった。また、対象企業のうち、賃貸オフィスを希望している企業は六六％、購入を希望している企業は三四％であった。

(4) 賃貸料の推移

年間の平均賃貸料はAクラスで七三〇〜八五〇ドル／平方メートル、Bクラスで五〇〇〜五八〇ドル／平方メートル、管理費はAクラスで九〇〜一三〇ドル／平方メートル、Bクラスで七〇〜一〇〇ドル／平方メートル。二〇〇七年第一四半期時点の全クラスの平均賃貸料は五四二ドル／平方メートル、対前期比三・八％増（約二〇ドル）であった。二〇〇二年以降のオフィスの年間平均賃貸料では、Aクラスの上昇率がBクラスのそれを上回っている。賃貸料は、オフィスのクオリティに加えて、ロケーションによって大きな違いがある。Aクラスのオフィスでも、中心地に位置する物件は平均賃貸料を大きく上回る。とりわけ南西地区は、ガスプロムを始めとする石油・ガス会社が集まっており、交通のアクセスもいいことから行政府が集中する地区よりも賃貸料は高いともいわれる。

なお、購入物件については、中心部に位置するオフィスの場合、Aクラスは四〇〇〇〜六〇〇〇ドル／平方メートル（前年比四〇％増）、Bクラスは二〇〇〇〜五〇〇〇ドル／平方メートル（同三〇％増）だった。

(5) 今後の展望

今後のオフィス市況については、二〇〇八年もオフィスビルの需要増に対して供給が追いつかず、オフィス不足は解消されないため、賃貸料は前年よりも七〜一〇％ほど上昇すると予測されている。

図表4-7　平均賃貸料の推移

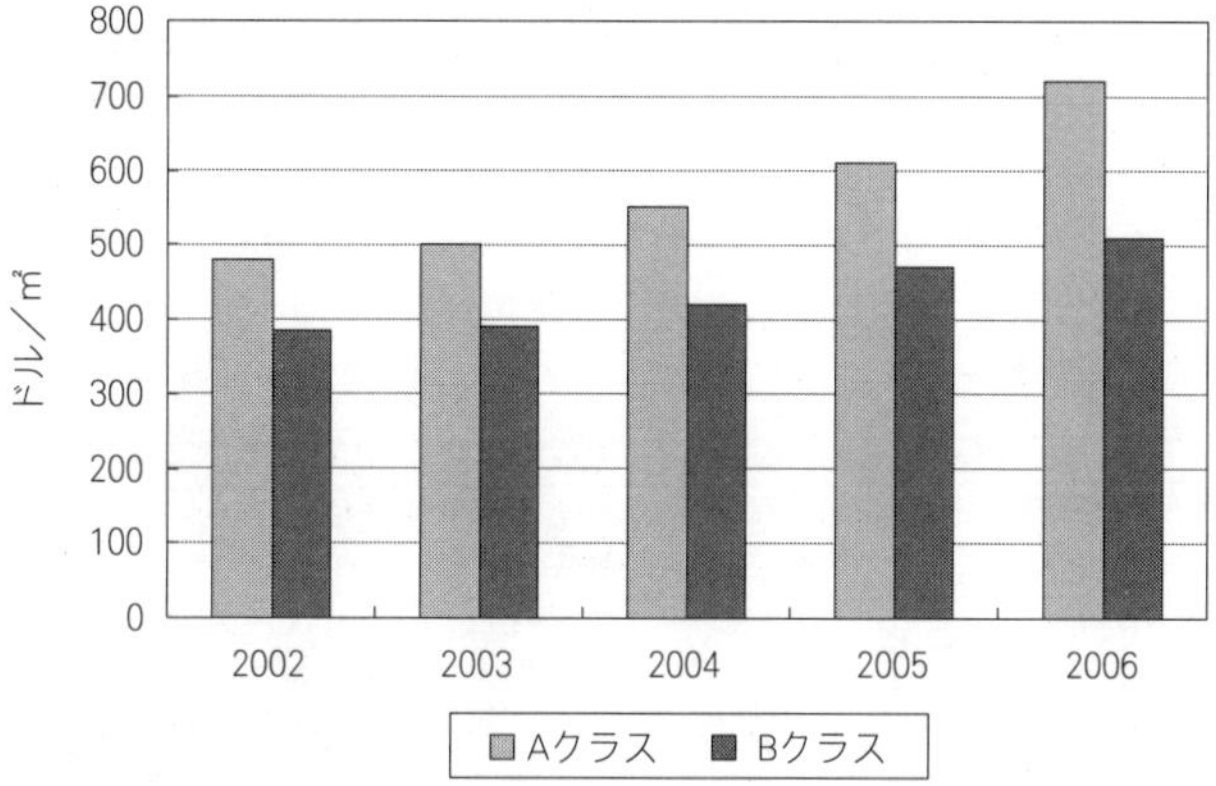

（出所）Commercial Real Estate Market Overview, 2006

図表4-8　平均賃貸料の推移

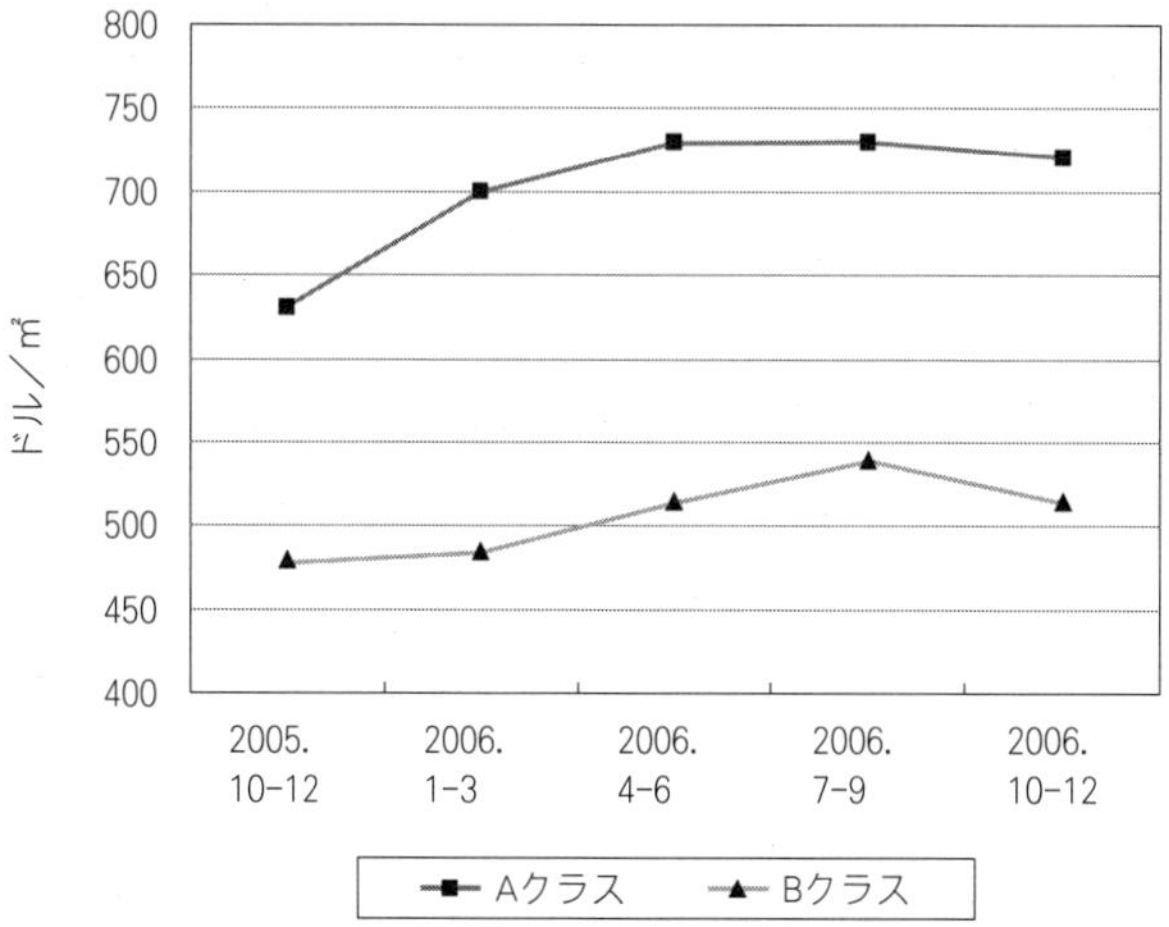

（出所）Commercial Real Estate Market Overview, 2006

図表4-9　モスクワ高級住宅街の家賃[1)]

（ドル／月）

		～60㎡	60～125㎡	125～170㎡	171～200㎡
Aクラス	中心地（人気地区）[2)]	3,000-7,500	4,000-12,000	7,000-20,000	10,000-40,000
	中心地（その他）	3,000-4,000	4,000-10,000	7,000-13,000	10,000-15,000
	上記以外の地区：				
	西　部	3,000-4,500	3,000-8,500	6,000-10,000	9,000-15,000
	南西部	3,000-4,500	3,000-7,000	6,000-10,000	5,500-15,000
	北　部	2,000-2,500	3,000-10,000	5,000-16,000	9,000-13,000
Bクラス	中心地（人気地区）	2,000-4,000	2,000-5,000	3,500-8,000	8,000-10,000
	中心地（その他）	2,000-3,500	2,000-5,000	4,000-8,000	5,000-10,000
	上記以外の地区：				
	西　部	1,000-3,000	1,500-4,000	4,500-7,000	8,000-10,000
	南西部	1,000-3,000	1,300-4,000	3,500-6,500	5,500-10,000
	北　部	1,000-2,000	1,000-3,500	3,500-5,000	7,500-10,000

（注）1）2007年３月時点、2）Arbat、Tverskaya、Ostozhenka、Patriarshye Prudy
（出所）Commercial Real Estate Market Overview, 2007.1-3

オフィスの供給が飽和状態に達し、賃貸料が落ち着いてくるのは二〇〇九～二〇一〇年だといわれている。参考までにモスクワ市内の高級住宅街の家賃一覧を掲載しておく。

7 現地職員の雇用

(1) 大きく変わるロシアの労働市場

企業の海外進出の条件として「安くて優秀な労働力」がしばしば挙げられるが、ロシアではそれは通用しない。二〇〇〇年以降の原油価格高騰を背景とする好景気がインフレ率を毎年九～一〇％の高水準にさせており、給与水準もそれに歩調を合わせて急上昇しているからである。また、労働市場は、経済の活性化にともない人手不足の傾向も顕著なため、完全な売り手市場となりつつある。仕事を見つけるのが容易であるため、労働者の定着率もあまり高くない。

(2) 募集と採用

人材を見つける方法には、知人の紹介、人材紹介会社もしくは人材派遣会社の利用、求人雑誌・新聞の利用、求人・求職仲介サイトの利用等がある。日本語のできるスタッフを探す場合は、日本語学科のある地元の大学に直接働きかけるのもいいだろう。大学、専門学校等からの新卒の採用は一般的ではないが、将来的には学校とのコネクションをつくることも重要になると思われる。また、人材の獲得については、現地スタッフにさまざまな人脈があるので、そうしたコネクションに任せるという日本の専門商社もある。

ロシアでは現在、一〇〇〇社以上、モスクワだけでも三〇〇社以上の人材紹介会社が活動している。人材紹介会社が取る手数料は、地域、人材会社の規模、紹介する人材の労働市場での評価等により異なってくる。地方の方が全般的に手数料は安いといわれており、幹部クラスの労働者等、市場での希少価値の高い人材になればなるほど手数料も高くなる。ちなみにモスクワの大手人材紹介会社の場合、手数料は紹介した人材の年収（ボーナスを含む）の二〇〜二五％以上、もしくは月給の三カ月分以上が相場だといわれている。

また、有料の求人サイトあるいは求人専門紙を利用する方法もあり、最近ではビジネスSNS（ソーシャル・ネットワーキング・サービス）を利用した方法も注目を集めている。

解雇については、一般的に非常に難しいのが現状である。飲酒、あるいは犯罪に関わることでない限りは当該労働者の同意を得て、依願退職のかたちをとるのが望ましいだろう。

(3) 労働契約

使用者は、労働者に労働条件を提示する労働契約を締結する義務を負っている。労働基本法（二〇〇二年二月一日発効の労働法典）に規定されている労働契約の事項は、①労働者の姓、名、父称、②使用者の名称、③労働する場所、④職務の名称、⑤労働者の専門、資格、具体的任務、⑥使用者および労働者の権利と義務、⑦労働条件の特徴と休暇の体制、⑧労働報酬の条件、⑨労働活動と直接関係する社会保険の種類と条件である。

(4) 労働条件

労働時間は一日八時間、週四〇時間内。一労働日において、休憩・食事時間として三〇分以上、二時間以内の連続した休憩時間が労働者に与えられる。休日は五日の労働週の場合は二日の休日、六日の労働週の場合は一日の休日が与えられなければならず、共通の休日は日曜日で、二日目の休日（五日の労働週の場合）は労働協約によって定められるが、原則として連続して（土日）与えられる。これら以外にも非労働日として以下の祝日が定められている。

・1月1日～5日　新年休暇
・1月7日　キリスト生誕祭、クリスマス
・2月23日　祖国防衛の日
・3月8日　国際婦人デー
・5月1日　春および労働の日
・5月9日　戦勝記念日
・6月12日　ロシアの日
・11月4日　国民統一の日

休日と祝日が重なる時は、祝日後の労働日に休日がシフトされる。休日および祝日の労働は、原則として禁止。労働が許可されるのは、書面での労働者の同意をとったうえでの例外的なケースのみである。なお、労働問題が法廷の場で処理される場合には、使用者よりも労働者の権利を擁護する法律の条項が適用されがちである。

女性の出産休暇については、その前後各二カ月間は休暇中も給与の全額が支払われる。育児休暇については、子供が一歳半になるまでは手当てを受ける（ただし、これを支払うのは企業ではなく、国である）。その後、手当ては支給されないものの、母親は子供が三歳になるまで休暇をとることができ、使用者側はその女性が出産前に占めていた職を保持しなければならない。

(5) 社会保険・健康保険制度

使用者は、すべての労働者に統一社会税を付保することが義務づけられている。統一社会税は、労働者の給与の税率二六％（ただし、人件費が上昇するに従い、累進的に下がる）。それ以外に、使用者は、義務的医療保険、労災事故等への給付を含む社会保険、年金基金等を負担する。日系企業を始めとする外資系企業は、国の医療保険とは別に、民間の医療保険に加入し、従業員が病気の際には提携病院に通院するシステム（強制保険に加入していれば、一般の公立病院での治療は無料であるが、民間医療機関による高レベルの医療サービスを受けるためには高い治療費を支払わなければならない）を導入しているところが多い。

(6) 給与水準

労働報酬については最低賃金制度（月額）があり、二〇〇七年九月に従来の一一〇〇ルーブル（約五〇〇〇円）から二三〇〇ルーブル（約一万円）に引き上げられた。ただし、モスクワに限れば、最低ランクで二万二〇〇〇ルーブル（約一〇万円）とみていいだろう。

外資系企業の幹部職員の平均月給（二〇〇四年夏時点。ボーナスを含まない）は二〇〇〇〜五〇〇〇ドルとされている。ただし、給与水準は年々大幅に上昇しており、二〇〇六年はこの二〇〜四〇％増くらいと推測される。なお、二〇〇六年夏時点一般事務職員の平均月給（ボーナスを含まない）はモスクワで六五〇ドル、サンクトペテルブルグで四四一ドルであるが、英語が堪能でキャリア二年以上の職員となると、平均月給はモスクワで一〇〇〇ドル以上、サンクトペテルブルグでも八〇〇ドル以上となる。また、社用車の運転手の場合、キャリアが浅く、外国語を話さない場合は、モスクワでも六〇〇ドルから雇用が可能とされているが、キャリア五年以上で外国語を話す運転手は一一〇〇ドル以上といわれている。

(7) ヘッドハンティング

ロシア人は、賃金に関する情報交換を積極的に行うこともあり、職種のいかんにかかわらず、人材のヘッドハンティングが盛んに行われる。たとえば英語を話す人材は、給与が大幅に上昇する傾向にあり、引き抜きの対象になりやすい。大都市モスクワでは企業への忠誠心が希薄で、より良い条件であれば、別の会社へ移ることに抵抗感は少ないようだ。ロシア人職員が競合他社に転職すれば、業務に支障が生じるだけでなく、企業秘密の漏洩につながることもあり、非常に頭の痛い問題である。

(8) 人材流出の対策

福利厚生の充実、すなわち、任意健康保険・障害保険・生命保険の付保、食事手当、携帯電話の支給等が、引き止める方法として一般的だ。大手の外資系には、スポーツクラブの会費負担、社内貸付制度や企業年金制度の導入等を行っている企業もあるという。

また、幹部職員に対するボーナス分割払い、あるいは繰り延べボーナスという特殊な支給方式を適用している企業もある。後者は、たとえば年一度（年末）ボーナス支給時に本来の支給額の六〇％しか支払わず、残りは翌年のボーナス支給時に回すというものである。こうすれば幹部職員が年の途中で退職を申し出た際に、企業側が預かっているボーナスが交渉材料として利用できるからだ。また、退職時に「ライバル企業に転職しない、および、顧客を引き抜かないという二つの条件が守れないのであれば、預かっているボーナスの支給はできない」と通告する企業もあるという。

8 対外経済活動にかかわる諸制度

(1) 貿易関連の主な法律

基本法として、以下のロシア連邦法がある。

・「外貨規制および外貨管理について」(一九九二年。二〇〇三年十二月改定)

同法によって、ロシア企業の外国企業との取引が原則自由になった。改定後、ロシア連邦の外貨管理当局として、ロシア中央銀行およびロシア連邦政府が明記されている。

・「外国貿易活動国家規制の原則について」(一九九五年。二〇〇三年十二月改定)

従来、対外経済政策はロシア政府の外交政策の一部として捉えられてきたが、改定後は「貿易政策」という概念規定が生まれ、それが政府の経済政策の一部とみなされるようになった。

上記のほかに、外国との不当競争を防ぎ、国内生産者の保護を目的とした以下の貿易関連の連邦法がある。

・「国際バーター取引に関する国家規制」(一九九六年)

・「兵器取引に関する輸出管理について」(一九九九年)

・「商品輸入に際しての特別保護、反ダンピング、補償措置について」(二〇〇三年十二月)

通関関連の連邦法としては下記の基本法があり、この下に「国家税関委員会令」「関税法典に関する連邦政府令」等で通関上の細則が定められている。

・「関税率法」(一九九三年五月)

・「関税法典」(一九九三年六月)

貿易を実施するうえで密接な関連のある連邦法は以下のとおりである。

・「賃貸借(リース)について」(「リース法」一九九八年十月。二〇〇二年一月修正)

・「生産物分与協定について」(「生産物分与協定法」一九九九年七月)

一九九五年五月に制定されたPSA(Production Sharing Agreement)の準拠法で、サハリンプロジェクト等の主として地下資源の開発プロジェクトが対象となるが、二〇〇三年六月に同法と一連の関連法が改定され、新規のPSAが事実上不可能になっている。

・「ロシア連邦における外国投資について」(「外国投資法」一九九九年七月。二〇〇二年三月、七月改定)

ロシアで外国企業が合弁会社を設立する、あるいは一〇〇%外国資本の会社を設立する場合には、外国投資法の他に「民法典」「株式会社法」がその基本法となる。

・「消費者の権利保護について」(「消費者保護法」一九九二年二月)

(2) 外資導入政策

旧ソ連時代末期には合弁や一〇〇%の外資導入、経済特区の設立が認められる等、外資開放政策がとられたが、ロシアになって、そうした政策は見直され、外資は基本的に内国民待遇を受けることとなった。たとえば、前述の生産物分与協定法も、特に外資のために制定されたものではなく、内国資本を含めた投資家全般を対象にした法律である。州、共和国等の地方でも優遇政策、また二〇〇五年には連邦レベルで経済特区法(二〇〇五年七月)が制定されたが、それらは投資家全般を対象とするものであって、外資を優遇する措置ではない。

資源エネルギーについては、投資家を優遇する生産物分与協定法が二〇〇三年に改定されて、外資参入が制限されたように、外資(特に一〇〇%外資)のみの投資については難しい対応が目立ってきている。二〇〇六年十二月には、ロシア政府が主導するかたちで、ロシア国営の天然ガス独占企業体ガスプロムが、サハリン2の事業会社の経営権の過半を取得したのは記憶に新しい。

そうした背景には、ロシア資本が育っていること、二〇〇〇年以降の原油高、あるいは原材料高で外資に依存する必要がないという考えが支配的なっていることが挙げられる。また、一部マスコミ報道を通じて、国民の間でも資源を外国人に奪われるという短絡的な見方が広まっていることも理由の一つであろう。

(3) 経済特区

経済特区法は特定地域の経済発展、技術革新等の促進、観光資源開発を目的とし、設立に際しては外資を導入することなどによって、効率的に特区を設立することを目的としている。その主たる狙いは、ロシアにない先端技術、生産加工技術等の導入が図られるような分野への投資推奨、石油・天然ガスを始めとする資源・素材部門に偏重した産業構造から、製造業を中心とする均衡のとれた第二次産業の形成にあり、同法では、①技術導入、②工業生産、③観光・レクレーションの分野が定められた。技術導入特区に四地区、工業生産特区に二地区、観光・レクレーション特区に七地区指定されている。

なお、ロシア本土から離れた飛び地であるカリーニングラードは、関税自由特別区に指定されている。本土との経済交流が不利であることと、経済的恩恵を与えることによって経済的安定化を図る必要があることから対象地に選ばれた。連邦法「カリーニングラード州経済特区およびロシア連邦法令の若干の法令の修正について」(二〇〇六年一月)によれば、カリーニングラードでは三年間で一億五〇〇〇万ドル以上の投資を行わなければならないことになっている。カリーニングラードで享受可能なインセンティブは図表4-10のとおりである。

(4) 関税

輸入の関税については、アルコール飲料に一〇〇%が賦課される以外は、最高三〇%の税率となっ

図表4-10　2006年1月法によるカリーニングラードの税の特典

税金の種類	通　常	特別経済区内
関税	関税率表に基づく	関税なし
資産税	2.2%	0％（最初の6年）その後1.1％（7～12年）
利潤税	24%	0％（最初の6年）その後12％（7～12年）

（注）2007年9月現在。
（出所）各種資料を基に作成。

ている。しかし、関税法により、輸入関税のほか、輸入付加価値税（VAT）、輸入消費税（物品税）が課せられる。VATは一部商品を除き一律一八％、物品税はアルコール・タバコ製品、宝飾品、乗用車、自動車用のガソリン等が課税の対象となっている。なお、外国からのサービスの輸入に対しても一八％のVATが課せられる。

輸出税については石油ガスを除き全廃するという議論も政府の専門部会でなされているようだが、結論は出ていない。

(5) 通関の問題

ロシアビジネスに携わっている方にとっての問題にグレーインポートがある。

通常、ロシアの輸入業者が日本の製品を自国の通関に通した後、ロシア国内のディーラーに転売するのだが、その間に第三者仲介業者や幽霊会社等が介在し、アンダーバリューが行われるのである。グレーインポートではないが、輸入業者がロシア国内で正式なディーラーを選定しないケースもあり、さまざまなメーカー製品を入手したディーラーが勝手に安売りするなどして市場を混乱させている点も見逃せない。

こうした事態に対して、WTO加盟を目指すロシア政府は通関の正常化を促進しようとしている。メーカーに対してはプライスリスト（輸入価格リスト）や正規代理店リスト（輸入業者リスト）の提出を要求する動きが出始めており、通関の仕組みにおいても変化がまさに起ころうとしている。

ロシア向けに建設機械や自動車を輸出している専門商社の経営幹部は、ロシア向け輸出に関して、通関のむずかしさや賄賂の問題などがしばしば指摘されるものの、自動車業界に限れば、二〇〇〇年以降、輸入通関の正常化が進んだことを指摘し、「ロシアは法治国家なので、きちんとした書類を出せば通る。グローバル・ビジネスに問題はない。世界には〝通らない〟国もたくさんあるから」と肯定的に評価している。

9 ロシアの税制

(1) 税制の概要

ロシアの税制の基本は一九九八年から順次採択された「ロシア連邦税法典」に定められており、税金は次のように分類される。

・連邦税　ロシアの全領内において納税が義務付けられる。

・地域税　当該地域（ロシアの八四の連邦構成主体＝共和国、地方、州等）において納税が義務付けられる。

・地方税　税法典と地方自治体機関の規範的法的文書で定められ、当該地方（地域の下部の郡、市町村等、地方自治体）において納税が義務付けられる。

この区分は、どこで税金が課税されるかという区分であって、どのレベルの税収になるかは別問題である。ロシアの予算には連邦予算、地域予算、地方予算の区分があるが、連邦税であっても、地域予算、地方予算の税収になるもの、地域税であっても、地方予算の税収になるものがある。

(2) 税金と税率

税金は四半期ごとの予定納税により徴収されている。日本企業のロシア駐在員事務所の場合は、売上がゼロとなるので、四半期ごとに「ゼロ申告」を行うことになる。

付加価値税は原則として、ロシア国内で行われる取引が対象となる。納税者は内国法人、外国法人の支店・駐在員事務所、個人事業主（小規模事業者）である。

一般的には、ロシアの税率は低く、特に個人所得税は一律一三%と高額所得者にとっては非常に低率である。また、組織利潤税（法人所得税）、付加価値税を世界水準と比較すれば、低い方であるといえるだろう。ただし、二〇〇二年に固定資本への投資の経費が認められなくなるなど、課税ベースが広範になっていることから、ロシアの実効税率は高いとの指摘もある。

付加価値税の還付については、申請のための多数の関連文書を税務当局に提出する必要があるが、現金還付を受けるのは非常に難しく、「一日国庫に入ったものはそれほど簡単には返せない」システムになっているのが実情である。

(3) 税務監査

ロシアの税務監査は非常に厳しい。企業は、税務署対策に労力と時間をとられるケースが多く、有能なコンサルタントあるいは税務・会計担当者を欠かすことはできないだろう。とりわけ外国企業の現地法人の経理部は年中、税金の計算をしているといっても過言ではないようだ。

(4) 現地駐在員に対する税金

日本とロシアの間には、ソ連時代の一九八六年に結ばれた二重課税回避条約があり、それが現在、継承されている。

外国企業の駐在員事務所もしくはロシア支店は、モスクワ市に所在する場合、連邦税務局モスクワ市担当第四七地区間監督局に登録する。事務所の賃貸料は、投資家の居住国によっては付加価値税非課税となるが、日本企業の場合、日本に事務所を置くロシアに対して同様の規定を設けていないため、付加価値税の課税対象となる。

駐在員に対する個人所得税率は以下のとおりである。

・非居住者(居住許可証をもっていない) 30%
・居住者(居住許可証をもっている) 13%

駐在員事務所開設の準備作業に従事している駐在員は以下の税金を支払う。

・個人所得税(賃金基金に課せられる)
・統一社会税
・組織資産税(ロシア連邦内の不動産資産に対する税)
・輸送税(税率は輸送手段のエンジン出力、総積載量、輸送手段のカテゴリーによって定められている)

図表4-11　ロシアの主な税金一覧

	税金の種類	内　容	税　率
連邦税	1 付加価値税	商品やサービスの販売に課税（輸入も含む）	18%（一部減免措置あり）
	2 物品税	特定商品（アルコール飲料、石油・ガス製品、貴金属・宝石、乗用車・オートバイ等）への販売課税	課税基準は、特定商品の販売量あるいは販売額。以下、主要品目税率：ウォッカ（25度以上）→1ℓ当たり146ルーブル、タバコ→1,000本当たり65ルーブル＋販売価格の8％、乗用車（150馬力以上）→1馬力（0.75kW）当たり153ルーブル
	3 個人所得税	個人の貨幣所得	一律13％
	4 統一社会税	雇用所得、個人事業者の所得	年間所得金額28万ルーブルで26％から逆累進課税。課税基準は、賃金支払額の3つの区分に応じる。年収28万ルーブル以下→26％年収28万～60万ルーブル→7万2,800ルーブル＋28万ルーブル超過額の10％年収60万ルーブル以上→10万4,800ルーブル＋60万ルーブル超過額の2％
	5 組織利潤税（法人所得税）	組織の利潤に課税	24％
	6 資源採掘税	資源採掘	課税基準は、鉱物資源の採掘額あるいは採掘量。貴金属→6.5％、非鉄金属・レアメタル・ダイヤモンド→8％、石油→16.5％（石油の世界市場価格の変動に応じて変動する重量税）、天然ガス→1,000㎥当たり135ルーブル
	その他、7 相続税・贈与税、8 水税、9 動物・水産資源利用料税、10 国家税等		

地域税	1組織資産税	動産および不動産（事業をロシア国内で行わない外国企業の駐在員事務所は動産のみ）	2.2%以下
	2賭博税		
	3輸送税	自動車、船等の国家に登記する輸送機器	馬力および重量換算で課税
地方税	1土地税	土地、区分所有	2%以下
	2個人資産税	住宅やガレージ等の建築物	土地価格により異なる

（出所）税基本法等を基に作成。

10 ロシアの企業会計制度

(1) 独自のシステム

ロシアの会計制度は、国際会計基準や米国会計基準とは異なる独自のシステムである。多国籍企業や国際展開を行うロシアの大企業は、正確な業績を把握するため、国際会計基準に基づいて財務諸表を作成しているが、多くのロシア企業においては、いまだに個別財務諸表が主な財務諸表とされており、連結財務諸表は副次的な位置づけとされている。

(2) 会計基準

ロシアにおける会計とは、税務申告目的の記帳の意味合いが強く、財務報告会計士協会ではなく、ロシア連邦財務省の主導で設定・管理されている（金融機関はロシア中央銀行の管轄）。関連規則としては、会計法、民法、株式会社法、会計基準、勘定科目規則等がある。

主要な勘定科目は、固定資産、棚卸資産、材料および仕掛品、現金預金および有価証券等、売掛金および買掛金、資本項目、オフバランス項目である。銀行および政府系金融機関を除くすべての営利法人は、複式簿記にてこれらの勘定項目を使用しなければならない。

(3) 会計年度

ロシアの企業の会計年度は一月～十二月であり、四月までに年度の会計報告を税務署、統計局に提出しなければならない。また、四半期報告は、四半期末日から三〇日以内に報告をする必要がある。なお、会計報告は、代表取締役および経理部長のサインが必要であり、一般的に、ロシアでは経理部長の役割が重要である。

(4) 財務諸表の作成

会計情報の開示は、ロシアでは会計報告書と称している財務諸表でなされるが、その形式や作成方法等はロシア会計規定の「企業の財務諸表」の章において規定されている。財務諸表は国家統計局にも提出しなければならない。ロシア企業では年度財務諸表の新しい体系・様式が二〇〇三年から採用されており、その体系は以下のようになる。

・貸借対照表

貸借対照表項目はロシアの慣習に従って固定性配列法で配置され、通常、その様式は報告式ではなく勘定式となる。

・損益計算書

通常、損益計算書の様式は勘定式ではなく報告式の様式となる。損益計算書には以下の四つの損益の概念が示される。

①　通常的活動からの売上高から売上原価を差し引いた総利益
②　総利益から商業費と管理費を差し引いた販売からの利益（損失）
③　販売からの利益に営業収益と営業費用、実現外収益と実現外費用をそれぞれ加減した税引前利益（損失）
④　税引前利益から繰延税金資産と繰延税金負債を加減した当面の法人税率を差し引いた当期純利益（損失）

・資本変動報告書

以下の二つの報告書からなる。

①　資本変動（定款資本、追加資本、準備資本、未分配利益〔未補填損失〕のそれぞれの期首残高、期中増減高、期末残高を示し、資本の増減を明らかにしたもの）
②　リザーブ（法令で設定されるリザーブと企業設立文書で設立されるリザーブのそれぞれの期首残高、期中取崩高、期末設定高を示し、当期残高を明らかにしたもの）

・キャッシュ・フロー計算書

①営業活動、②投資活動、③財務活動によるキャッシュ・フローのそれぞれの期中における収支が示され、現金および現金同等物の期末残高を明らかにしたもの。計算書の作成法は西側でも採用されている間接法と直接法である。

・貸借対照表付属明細書

①無形資産、②固定資産、③物財への収益的投資、④科学・研究、実験・設計、生産工学活動費、⑤天然資源開拓費、⑥財務投資、⑦債権・債務、⑧通常的活動の費用（費用要素別）、⑨保証、⑩国家補助

・受領資金特定使途報告書（特に非営利組織で作成する）

上記のほかに、法令によって財務諸表の義務的監査が定められている企業では、監査報告書も財務諸表の体系のなかに含まれている。

(5) 財務諸表の監査

連邦監査法によれば、以下の企業は財務諸表の義務的監査を毎年、受けなければならない。義務的監査は、企業と利害関係のない独立した職業監査人（公認会計士）による監査である。

①公開型株式会社、②信用・保険、商品・株取引所等、③法令で規定された最低賃金額を基礎にして、年間売上高が五〇万倍以上、また年度末に貸借対照表上の資産総額が二〇万倍以上の企業等。

公開型株式会社は監査を受け、年次株主総会の得た後、貸借対照表、損益計算書、および監査報告書を公表しなければならない。なお、事業規模および会社規模によっては、貸借対照表および損益計算書は略式で開示することができる。また、財務諸表の開示期限は会計年度の翌年の六月一日である。

(6) 外国法人・駐在員事務所の会計

連邦会計法では、外国法人の支店および駐在員事務所については、ロシアの会計基準と当該国の会計基準(国際会計基準に概ね準拠していることが条件)のいずれかの選択適用を認めている。採用した会計基準は、会計方針に明記しなければならない。

(7) 国際会計基準への移行

ロシア連邦財務省も、国際会計基準の採用のアプローチとして、既存の自国の会計基準と国際会計基準とを並行的に採用することとし、二〇〇四年には、二〇一〇年までに国際会計基準に移行することを決定。現在、法改正の検討を進めている。そのスケジュールは以下のように策定されている。

① 連結財務諸表法を制定する。この法律を一定の企業集団に適用させる。
② 市場で株式取引のある公開型株式会社に、国際会計基準による連結財務諸表を二〇〇四年から適応させる。
③ 子会社をもつ残りの公開型株式会社に、国際会計基準による連結財務諸表の作成を二〇〇七年から適応させる。
④ 法令に従って活動する残りの全企業に、国際会計基準による連結財務諸表の作成を二〇一〇年後に適応させる。

(8) ロシア企業の財務諸表は信用できるか

ロシアの会社の帳簿の不正確さはよく指摘されるところである。長年ロシアビジネスに携わっている経営コンサルタントは、「財務諸表でキャッシュ・フロー、そして債権・債務の管理台帳をきちんと読み込むこと」の重要性を強調する。

同コンサルタントによれば、現在のロシアでは銀行間決済が主流であり、現金は小口の仮払いくらいに過ぎない。現金取引に対する課税率は（銀行間決済よりも）高く、資金繰りと債権・債務を見れば、相手の財務状況はつかめるはずだという。

ちなみにロシア企業の経理担当者の九〇％は女性だといわれる。前記コンサルタントに言わせれば「経理部長や経理担当者に聞けば、実態はわかるはず」である。そもそも、裏帳簿をつけるというのは、部下か誰かに社の秘密を握られるということだ。組織利潤（法人）税率は二四％、所得税は一三％、社会保険料は最大二六％程度であり、関税や輸入ＶＡＴを除けば重税感はなくなっている現在、裏帳簿の存在理由は小さくなっており、まともなロシアの経営者、あるいは伸びている企業はそうしたことはしないだろう。

Column

ロシア料理　この一品　④

ストロガニーナ　Строганина

シベリアやウラル地方の名物料理。冬のかの地を歩いていると、ときおり軒先に薄く切った魚の白身や肉が吊るされているのを目にすることがある。語源は「かんなをかける」あるいは「削る」。すなわち魚や肉の「かんな屑」＝ストロガニーナは、前菜として出されることが多い。魚は鮭やオームリ（バイカル湖でとれる淡水魚）、肉は牛、豚、鹿、七面鳥などのほか、北ウラル地方に行けば、野鴨やヤマウズラを出してもらえるという。スライスして凍らせたストロガニーナはビネガーソースやサワークリームをつけて食べる。しゃきしゃきした歯ごたえだ。

厳寒のシベリアで、なぜ凍らせた魚や肉を食べるのだろうか？

冬のロシアの町では、アイスクリームを食べながら歩いている人を見かけるので、試しに真似してみると、顔がびりびり痺れるような寒さのなかで、意外に美味しいのである。厳しい冬を乗り切るため、身体がカロリーを欲しているからだろうか。ちなみにロシアでは、ジュースの消費量は夏より冬の方が増えるという。野菜不足になりがちな季節に、人々はビタミン補給のためにジュースを飲むのである。

ストロガニーナにはシベリアの大地に住む人々の保存食的な役割があるのだろう。暗く長い冬のビタミンC不足を補うので、壊血病の予防に効くそうだ。塩や胡椒、あるいは、おろしたわさび大根でも十分いける。

そしてウォッカとよく合う。西シベリアの都市、チュメニ市で初めてこの料理を食べた私は、味と歯ごたえがすっかり気に入ってしまい、アルコールに弱い体質であることも忘れて、ウォッカのグラスを干してはストロガニーナを口にしていた。

数時間後、すっかりいい気分になってレストランを出たとき、マイナス30度の外の世界では、雪の結晶が街灯できらきら光りながら落ちていた（ように見えた）。この世のものとは思えない美しい光景として、いまも記憶しているのだが、飲みすぎたウォッカによる幻影だったのかもしれない。

（芳地隆之）

第五章　さあ、ロシアとビジネスを始めよう

1 日本人コンサルタントが見たロシア企業

(1) ロシア企業との出会い

筆者が初めてロシアを訪問したのは今から約五年前の二〇〇三年三月であった。訪問地はバイカル湖で有名なシベリアのイルクーツク州だった。これは、ROTOBOの「ロシア企業へのコンサルティング型専門家派遣事業」のメンバーとしての参加であった。この三月の訪問は、上記事業の事前調査が目的であり、私を含む日本側のコンサルタント数名によって、一〇社程度のイルクーツク州の中堅・中小企業を訪問し、実際に来年度（二〇〇三年度）のコンサルテーション指導を実施する企業の選定を行った。

当時のロシア企業を取り巻く状況は、一九九九年後半からの世界的な油価高騰を契機に、一九九一年末のソ連邦の解体以来の大きな経済混乱から立ち直りつつあり、世間ではいわゆるBRICsという言葉も使われ始め、現在まで続くロシア高成長のスタート時点といった状況であった。しかしながら、まだ実際にロシア経済の高成長＝好景気の恩恵を受けていたのは、モスクワなどの都市部の一部の人間や企業（特に石油・ガスといったエネルギー関連）に限られていた時代であり、イルクーツクのような地方部ではまだまだロシアの高成長＝好景気を実感できるものがまったくなく、筆者が訪問した企業のほとんどは、たいへん苦しい企業経営を強いられていた。

以上のような状況でのロシアへの初訪問、ロシア企業と初めての出会いから今日まで毎年、ロシアの極東地域からヨーロッパ地域まで、さまざまな地域を訪問し、「ロシア企業へのコンサルティング型専門家派遣事業」を中心として約五〇社程度のロシアの中堅・中小企業への訪問を実施し、その結果、総計三〇回以上ロシアを訪問することとなった。そこで、本来的には日本の中堅・中小企業を中心に日本でコンサルテーションを実施している筆者がこれまでの日本とロシアでの企業コンサルティング経験をふまえて、ロシアの中堅・中小企業の特徴、特に日本の中堅・中小企業との違いについて、以下述べていきたい。

(2) 複雑な資本の所有と経営の実態

日本の中堅・中小企業の多くは、いわゆるオーナー企業であるが、この点に関しては、ロシアの中堅・中小企業においてもまったく同様である。ただし、日本の場合、オーナー企業の経営は同族経営がほとんどで、オーナー＝経営者（社長）であることが多いが、ロシアの場合は必ずしもそうとは限らない。すなわち、日本に比べると資本の所有と経営の分離が進んでいるのである。これは、ある意味で近代的に見えるが、ビジネスをするうえでは要注意である。なぜなら、筆者も経験があるがロシア企業で社長と称する人間と話をし、物事を進めていても、その社長にまったく権限がなく、実際に会社を仕切っているのは別の人物（オーナー）で、これまで社長と話をしていた事がまったく無意味になる場合もあった。

さらに、事態を複雑化させているのが、資本関係が外部からわかりづらく、「誰が、オーナーか?」ということがわかりにくいことである。ちなみに、ロシアでは、政治家や州政府、市政府の高官やその家族がオーナーになっている企業が多い。これは、そもそも現在のロシア企業の多くが、ソ連解体後の国有企業の民営化によって誕生したため、そのプロセスで政治家や役人の関与が多かったのと、ロシアではいまだあらゆる意味で政治を抑えないと商売がうまくいかないためである。

いずれにせよ、ビジネス成功の第一歩は、言うまでもなく、相手企業のキーパーソン(意思決定権者)が誰であるか見極めることであろうから、ロシア企業とビジネスをするうえでは、特にこの点に注意したい。

(3) すばやい意思決定

ロシア企業の意思決定権者(オーナーや社長)と話をしていると、とにかく意思決定の早さに驚かされる。たとえば、以前、筆者が「ロシア企業へのコンサルティング型専門家派遣事業」で指導した製造関連企業の社長に対して「日本とのビジネスを希望するのであれば、海外営業部門をもっと強化する必要があり、そのためには、できれば日本語、少なくとも英語のできる社員を雇うべきである」と進言した。そうすると、そのロシア滞在期間中の一週間後にその社長から「あなたが言うような人材を採用するためにすぐに募集をかけて幾人かの候補者を選んだので面接に立ち会ってくれ」との依頼があった。コンサルタントの提言、進言に対して、その内容に納得しても、実際にそれを実行するという意思決定に時間がかかる一般的な日本企業に慣れていた筆者にとっては、このロシア企業の意思決定の早さは、新鮮な驚きであった。

ロシア企業の意思決定の早さは企業の規模の大きさには全く関係ない。ロシア企業の場合は、企業の大小関係なく、その企業のトップが言うことがすべてであり、概ねトップに立つ人材は意思決定が早いからである。

したがって、ロシアの企業と日本の企業とがビジネスの交渉などをするときに、ロシア側が日本側の意思決定の遅さにいらいらする場面が非常に多く見受けられる。その結果、最終意思決定の権限をもっている日本の中堅・中小企業のオーナーが、ロシアに行ってビジネスの交渉をするときはまだ良いが、大企業の担当者などが最終権限をもたずにビジネスの交渉に行った場合は、ロシア側はあまり真剣に対応しないのが現実である。

ロシアの企業とビジネスを成功させたいのであれば、日本企業もロシア企業を見習って、意思決定のスピードを少しでも早めることが重要である。

(4) 何でもかんでも自前主義

ロシア企業と日本企業との最も大きな相違点の一つは、ロシア企業が人、物、金といった経営資源に対して徹底した自前主義を貫いている点であろう。実際、筆者が前述した二〇〇三年三月の初めてのロシア企業訪問で、最も驚いたのはこの点である。このときに筆者は調査のために、ある機械メーカーの工場を訪問したのだが、その工場には、機械を組み立てる組み立てショップ（ロシアでは工場の部門のことを一般的にはショップと呼ぶ）などの他に、部品ショップや工具ショップ、梱包ショップという部門があった。たとえば、この部品ショップは、完成品の機械で使用する部品（パーツ）のみならず、その組み立てのためのネジ、ボルト、ナット等までも作っており、また、工具ショップではスパナやドライバーなどの工具を作っており、梱包ショップでは完成品を入れる木箱を材木から切り出して作っていたのである。日本では、本業の製品作りに特化して、ボルト、ナットや工具、梱包資材などの備品は、当然、外部から調達するものであるが、ロシアの場合、これらの備品類までもが自社の工場で作っている場合が多いのである。ロシアではやはり距離的な問題で外部調達が難しいことや、たとえ部品や備品を外部に注文しても、納期どおりには入ってこないことが多かったことなどから、外部をあてにしていては生産が成り立たないといった理由でこのような極端な自前主義の工場が、特に地方部において多くみられる。

また、ロシア企業では、中小企業であっても、掃除のおばさんから従業員食堂の調理人やウェイトレス、また運転手や警備員まですべて正社員として雇用している。日本では当然、これらの人は外部に委託したり、パートタイマーを使ったりするのであろうが、この点もロシアは自前主義なのである。余談になるが、ロシアの経営者は、どんな中小企業であっても、個室、秘書、車（当然、社員の運転手がつく）をもっている。

最後にお金の面であるが、ロシアの銀行システムが未発達のために、ロシア企業は、ロシアの国内銀行から融資を受けるのにたいへんに苦労する。最近は、多少の改善も見られるようだが、基本的には三年未満の短期融資が多く、しかも金利は年利一八％程度で、ときには三〇％近い金利を要求されるようである。このような状況から、製造業、特に重厚長大産業では、銀行からの融資を受けて設備投資を行うことは、非常に困難である。したがって、ここでも自前主義＝自己資金（期限の利益）によってのみ設備投資を行うことが一般的だが、当然、潤沢な自己資金をもっている企業はそう多くはないので、その結果、設備の老朽化が進んでおり、勢い日本からの投資に大いに期待するロシア企業が多い。反面、ここ数年は、ロシアの好景気によって、大手企業、中堅企業を中心に自己資金で十分な設備投資を行っている企業も見受けられるようになったのも事実である。

⑸　夢とソロバンのロシア経営者

ロシア人に対して日本ではどちらかというと暗いイメージがあるが、実はロシア人は非常に陽気で話し好きである。ロシア企業の経営者もご他聞に漏れず雄弁に自分の会社や経営の話しをする。特にロシア企業の経営者は、自分の会社や事業のビジョンや戦略を語りだすと止まらない。そして、語るだけでなくそれを絵や図にして紙に描いてみせるのである。このような点では、日々の業務に対して近視眼的に取り組んでいることが多い日本の経営者よりも、ロシアの経営者の方が、自分の会社や事業に対して夢をもって、長期的かつ戦略的なビジョンに基づいて経営に取り組んでいるのではと感じる。

ところが、ロシア企業の経営者は、自分の描いたビジョンや戦略を、実務に落とすのが、大の苦手である。実は、苦手と言うよりも、実務に落とすことは、自分の役目ではないと考えている節がある。たとえば、彼らが描いたビジョンや戦略に対して、資金的な裏づけを質問すると「そんなことは、経営者である私の知ったことではない。それを考えるのは、財務担当の副社長の仕事であるから、副社長に聞いてくれ」といった調子である。したがって、彼らのビジョンや戦略が、現実的にはなかなか実現されず、夢のままで終わってしまうケースも多く見受けられる。

また、長期的な経営を語る一方で、投資した資金の回収に関しては、ソロバン第一主義で、徹底的な短期志向である。つまり、利益を出せば、再投資するよりも、とにかく配当に廻すことを最優先するように求めるのである。これは、日本に比べてロシアが高金利であり、リスクをともなった投資がより有利でなければならないことも影響しているのであろうが、投資家（株主）優先のこのスタイルは、日本よりもロシアのほうが、いわゆる欧米型資本主義を実践している結果とも言えなくはない。

⑹ 仕事よりも当然楽しい人生、ロシア従業員気質

ロシア人は一般的に働かない、怠け者のイメージが強いが、筆者が接した企業の経営者や幹部は、日本人と変わらず、猛烈に仕事に取り組む人がほとんどである。特に最近の若いビジネスマン

は、日本や欧米のビジネスマンとまったく変わらない感覚で仕事に取り組んでいる。しかしながら、一般の従業員や労働者に関して言えば、やはり日本の従業員や労働者とは、仕事に対する感覚が違う。日本の従業員や労働者が、自分の仕事に対して、自発的に創意工夫し、ときには自分に与えられた仕事以外のことでも、それが会社や仕事にとってプラスになると判断すれば、率先して取り組む姿勢を見せるのに対して、ロシアの従業員や労働者は、与えられた仕事をこなすだけで、決してそれ以上の仕事をしようとはしないし、しようという発想もない。また、定時まではキッチリと働くが、会社や仕事のために残業をするということもほとんどない。これは、そもそも仕事への価値観の違いが大きい。ロシア人にとって仕事はあくまで生活や人生を楽しむための手段であり、仕事のために生活を犠牲にすることはありえないのである。実際、与えられた有給休暇（年四週間）はしっかりと取ってバカンスを楽しむし、金曜日の午後は郊外のダーチャ（ロシア風別荘）に向かうため、実質、半ドン状態の企業もある。日本と比べて、ロシアにおいてはマネジメント層と一般層の間に収入や仕事への価値観などで大きな壁があると言えるのである。

ただし、最近ではこんなロシアの従業員・労働者事情にも変化が見られつつある。筆者がコンサルティングしたロシア企業のなかでは、日本の現場管理の手法、〝カイゼン〟や〝5S〟に興味をもつ企業が多く、それらの企業が、実際に現場の従業員や労働者にカイゼン活動を実践させると、意外にも積極的に取り組む人が多く、現場で創意工夫をしたり、自発的に仕事に取り組んだりする従業員や労働者の姿を見かけるようになった。

そして、これはよく言われることだが、ナポレオン戦争や第二次世界大戦がそうであったように、ロシア人は土壇場で力を発揮して成果を出すのである。実際に、筆者がコンサルティングで宿題を出しても、なかなか進まないことが多かったが、結局、最終的には、期限ぎりぎりで、しっかりとした成果物を出してくることが多かった。潜在的な力はもっているが、ここ一番意外はそれを発揮しない、ロシア人とはそんな人種なのである。

2 成功企業の事例から学ぶロシアビジネス

これまで、ロシアビジネスというと、ソ連解体直後に極東を中心にホテルや木材加工、水産加工等の分野での日本側の投資に対するロシア側の乗っ取りや行政当局の不当な介入による破綻のイメージが強く、その結果、ロシアはリスクが高いといった認識が日本に広まった。しかし、ロシアだけにリスクがあるのだろうか。たとえば中国に関しても、日本の中国ビジネスの半分以上が失敗していると言われている。それでも、中国の場合は、取り組んだ日本企業の数がロシアに比べて桁違いに多いため、成功例も多いのである。つまり、これまではロシアビジネスの絶対数が少なかったために、成功のノウハウが描きにくく、ことさらに失敗例のみが強調されていたのではないだろうか。

上記の点をかんがみて、本項では、あえて、近年増加してきたロシアビジネスに取り組んでいる企業のうちの中堅・中小企業を中心に、実際にロシアに進出している日本企業のほか、ロシアビジネスをサポートする企業、また逆にロシアから日本へ進出してきたロシア企業の事例を紹介していきたい。これらの事例は、事業展開のきっかけや実際に業務を進めていくうえでのコツや難しさなど、これからロシアビジネスを進めていこうと考えている企業に対して、有効なアドバイスとなることは間違いないと考える。

1 日ロの中小企業が合弁企業設立

エネルプロム―三國

（企業データ）

社　　名：JSC Enerprom-Mikuni
所 在 地：Starokuzmikhinskaya str.28, Irkutsk, Russia
資 本 金：五二〇万ルーブル
出 資 者：Enerprom社（ロシア）六〇％、三國機械工業株式会社（日本）四〇％
設　　立：二〇〇四年
代 表 者：Leonid M. Fomenko
従業員数：二九名
事業内容：日本製の油圧機器および油圧工具の輸入・販売など

(1) 日本側企業は積極的な海外との関係はあったが、ロシアとは……

日ロの合弁企業であるJSC Enerprom-Mikuni（以下エネルプロム―三國）の日本側の出資企業である三國機械工業株式会社（以下三國機械）は、一九五〇年に往復動圧縮機メーカーの三國重工業株式会社の販売代理店として設立され、その二年後には油圧機器メーカーである油研工業株式会社の販売代理店となり、風水力機械と油圧機械を両軸としてあらゆる産業分野の顧客へ販売している、従業員数七〇名の典型的な日本の中小企業（商社）である。三國機械の特徴は、ただ単にメーカーのものを顧客に販売するだけではなく、システムオルガナイザーとして、顧客の要求を満足させるべく提案型営業を展開してきたことにある。また五五年にわたる多方面の種々の実績のなかで得た技術を活かし、品質、信頼性、性能、価格、納期などの観点から最適な機器を選定、そして、システム設計および設計に基づいての製品とユニットの製作、現場工事、試運転までも行っており、これまでに数多くの自社オリジナル製品も開発し、顧客の多様なニーズに応えている。また、七〇名の社員のうちの半数以上が技術者（エンジニア）であるのも当社の特徴である。

このシステムオルガナイザー・エンジニアリング商社の考え方は、現在の当社のオーナーであり、二代目の経営者である清水社長が、三國機械に入社する前に、大手エンジニアリングメーカーである千代田化工建設株式会社（以下千代田化工）で一二年間勤務した経験に基づくものである。清水社長は「千代田化工勤務時代には、当時の社長である玉置明善氏からエンジニアリングの知識や考え方だけでなく、海外と付き合うための物の見方や考え方などあらゆることを学び、また、三〇歳にして初代のニューヨーク支店長に抜擢していただくなど、後の会社経営に大いに役立つ経験をさせてもらった」と語る。実際、三國機械入社後、一般的な国内商社であった当社に上述したエンジニアリングの概念を持ち込むのみならず、海外との関係も積極的に構築し、一九七〇年代には、マレーシア、シンガポールに現地法人を設立した経験ももっている。ただ、ロシアに関しては、漠然と将来的には面白い国であろうとは感じていたが、具体的にアプローチすることは特に考えていなかった。

(2) ロシア側の日本に対する想い

一方のロシア側の出資企業であるEnerprom社(以下エネルプロム)は、ロシアのシベリア地区の中心都市イルクーツクにて二〇〇二年に、現在のオーナー経営者であるフォメンコ社長によって油圧工具の製造・販売企業として創業された。この創業は、フォメンコ社長が経営幹部であった同業のエネルプレッド社からの分離独立したものであり、したがってフォメンコ社長のロシアにおける油圧工具関連のビジネス経験は、エネルプロム創業以前からあり、非常に長い。その後、フォメンコ社長の経営手腕によって、エネルプロム社は、順調に成長を続け、現在ではエネルプロムマネジメントという持ち株会社の下に四つの事業、二〇の会社を持つ売上四〇億円、従業員数四〇〇名の企業グループにまで成長したのである。

フォメンコ社長は一九八六年にロシアのジャーナリストの書いた日本関連の本を読んで初めて日本のことを知り、そして日本に強い興味をもった。その後、経営に携わっていたエネルプレッド社時代の同僚幹部に、日本との合弁企業で勤務経験をした人がおり、その人からの話を聞くことによって、ますます日本への興味がわいてきたのである。ただ、その背景には、やはり、日本の工業製品の技術や品質の高さがあるという。実際、二〇〇〇年に韓国と油圧機器関連で付き合いを始めたが、韓国から入ってきた油圧機器を分解すると、内部の主要な部品は大半が日本製であり、これを見て、やはり日本と直接、付き合わなければと強く感じ、イルクーツクで同業者の誰よりも早く、日本との付き合いを始めて、先行者利益をしっかりと得たいと考えたのである。

(3) イルクーツクと日本の関係

日本との関係での重要なポイントとしては、イルクーツクという土地柄も影響しているのである。実は、イルクーツクは、古くは井上靖の小説『おろしや国酔夢譚』で有名な大黒屋光太夫、またシベリア抑留、森首相（当時）の訪問、金沢市との姉妹都市関係（イルクーツク市には〝金沢通り〟というストリートがある）

エネルプロム‐三國の幹部と清水社長（前列左）、フォメンコ社長（前列右）

など、歴史的に見ても日本と密接な関係にある。経済・文化面などからみても、イルクーツク州の商工会議所には日本課があり、イルクーツクの大学では、日本語を教えており、夏場だけであるがイルクーツク・新潟の間に飛行機の直行便も飛んでいる。また、イルクーツク州には、日ロの合弁企業の最大の成功例の一つと言われている、大陸貿易株式会社出資の〝イギルマ大陸〟、株式会社田島木材出資の〝TMバイカル〟という二つの木材加工企業が存在している。そして、イルクーツクは、モスクワよりも日本が「近い」という「事実」もある。夏場（サマータイム時）は、イルクーツク・モスクワ間には、五時間の時差があるにもかかわらず、日本との間には時差がないのである。

⑷ 日ロ企業の出会い

二〇〇二年にイルクーツク州主催の訪日経済ミッションがあり、フォメンコ社長は、もちろんそのミッションに参加し、初めての訪日をはたした。そのときに、日本の企業関係者と面識をもち、ますます日本とビジネスをしたいという想いが強まったのである。特にフォメンコ社長が日本とビジネスをやりたかった分野は、高圧ホースの分野であった。当時のロシアでは、機械工業の復活の兆しが見え始め、企業の収益も増加し始めたので、フォメンコ社長は、これまでと違い、多少値が張っても、高品質で耐久性の高い日本製品に対する需要が伸びると考えており、特に、高圧ホースに対してはロシア製への不満をよく耳にしたこともあって、自分たちの手で、是非、日本の品質の高い高圧ホースを扱いたいと考えていたのである。そこで、フォメンコ社長は、ロシアに帰国後、日本の大手高圧ホースメーカー数社に対して、是非、ロシアで製品を扱わせてくれといったレターを書いたのであった。しかし、このような突然のレターに対しては、当然ながら日本からは何の応答もなく、手詰まり感を感じていたときに、筆者が参加したイルクーツク州の中堅・中小企業を対象としたＲＯＴＯＢＯの「ロシア企業へのコンサルティング型専門家派遣事業」があることを知り、早速応募し、見事二〇〇三年度のコンサルティング対象企業に選ばれたのである。その選定時に、筆者がフォメンコ社長にもった印象は、「とにかく日本とビジネスをしたい、そのためにはいかなる準備もいとわない」という、日本とのビジネスに対しての並々ならぬ熱意をもった人だなと

エネルプロム社の高圧ホース用機械設備

いうものであり、実際、この熱意が企業選定に大きな影響を与えたのである。

そして、コンサルティング事業が始まったときに、筆者は、この事業をより実効的なものにするためには、エネルプロムが将来目指す姿に近い日本企業に参画してもらうことが有効であると考え、見本となる企業の候補として、三國機械を訪問し、事業への参加を呼びかけたところ、快諾をしていただき、これによってエネルプロムと三國機械との出会いの場がもたれたのである。

ただし、三國機械は、この時点では、合弁企業を作ることはまったく考えておらず、あくまで日本の油圧関連の専門家として、エネルプロムの製品ラインナップの評価やエネルプロムのパートナーとなりうる日本の油圧メーカーの紹介などのコンサルテーションを実施することのみを考えていた。しかしながら、この事業を通じて、清水社長とフォメンコ社長の会合や三國機械の専門家の数度の相互訪問を実施しているうちに、三國機械はエネルプロムの潜在的な能力を高く評価することとなり、事業終了後、ついに合弁企業エネルプロム―三國を設立するに至ったのである。

(5) 合弁設立に際して

清水社長は「マレーシア、シンガポールでの失敗などの過去の経験、文化、習慣、風習、価値感の違いをかんがみて、合弁を作るにあたってはいろいろな点で注意をした」と述べている。

まず、合弁のスタンスを明確にすることが、最も大事な点であり、注意すべき点であるとのことだ。

具体的には、自分たちのスタンスとしては、今回の合弁を将来のロシアでの布石と考え、自分たちがマジョリティをとって儲けるのではなく、あくまでロシア側をサポートして儲けるということとし、その結果、出資比率もロシア側よりは低くすることとした。したがって、すぐに配当などは要求せず、企業への投資を優先するようにロシア側にも要望している。また、ロシア側との関係も、日本側が事業の先輩であり、日本側が先生、ロシア側が生徒ということを明確にした。これに対して、フォメンコ社長は非常に素直に受け止めたのである。

そして、この事業がどんなに厳しくとも五年は絶対に撤退しないと決めた。なぜなら、ロシアでのビジネスが初めてであり、言葉の問題などを考えると、ロシア語のカタログを準備するだけでも最初の一年は費やされ、二年目にやっと合弁企業のロシア側のメンバーが日本の商品を理解し、顧客を探せるようになり、実際に売上が上がり始めるのは三年目からで、それが軌道に乗るには五年はかかると考えたからである。しかし、これは、裏返せば、五年後に利益の出る企業となっていなければ撤退するということである。（実は、ロシア側には三年と伝えているというが……）これは、三國機械の社内でも徹底されており、このロシアビジネスは営業本部から切り離され、新規事業を担当するビジネスユニット本部の管轄となっており、他の新規事業と同様に三年以内に黒字化、五年で事業化できなければ撤退するという明確な時間軸をもっている。

また、定款づくりにも細心の注意を払った。これは、以前マレーシア、シンガポールで現地法人を作ったときに、定款をシビアにチェックしなかったために、マレーシアの現地法人の社員を退職させるのにたいへんな苦労をした経験を持っているためであった。実際に、ロシアのビジネスの専門家を雇い、一行一行内容をチェックし、問題となる点は訂正を要求し、日ロ共同で作り上げていったのである。この定款作りの作業を通じて、日本の細かい要求にしっかりと粘り強く応えていくフォメンコ社長の対応に、「この人物となら合弁事業を行っても大丈夫だとの確信を得た」と清水社長は当時を振り返る。

⑹ 合弁設立後の運営

合弁企業スタート後、企業運営において日ロの考え方の最大の違いは人事面、特に人の採用面であったと、日ロの双方のトップは口をそろえて言う。

具体的には、ロシア側はすぐに人を採りたがるが、日本側が人の採用には慎重である。これは、やはりロシアでの従業員の定着率の問題が起因しており、ロシア側に言わせると、どうせ三人採用しても残るのは一人だけなのだから、一人必要なら三人採用すべきであると考えるのである。しかし、それは日本側から見ると、いらない人間も採用する事となるのだが、これに対してロシア側は、いらなければ、すぐにクビにすればよいと考えるのである。

フォメンコ社長は、「合弁企業の運営で日本側の事業運営に対する態度は、非常に勉強になる」と述べている。特に、決まったことは必ず実行する責任感、細かい所まで必ず検討して物事を進める実務力、早く利益を出せ出せといわず長い目で事業を育てようとする長期的な展望力は、ロシア企業にはない面であると感じている。

また、意外に感じた事は、「一般的な日本のイメージからは、日本企業はあまりズバズバと指摘はしてこないと思っていたが、実際は何事もオープンにして、ズバズバと指摘してくる」とフォメンコ社長は語る。

この点を清水社長に聞くと、「ロシアとの合弁事業をうまく進めるためには、お互いにオープンにしつつ、常に相手側に高度な要求をつきつけていくことである」と語る。

(7) 成果が出だした合弁事業

設立当初は苦戦していたエネルプロム—三國であるが、三年目にして、ベラルーシのアトラント社バラノヴィチ工場に射出成形機用の油圧機器一式の納入、チェリャビンスクに大型プレス用油圧シリンダー、アーク炉用比例弁およびポンプ納入等に順調に業績を伸ばしつつある。また、念願の日本の大手高圧ホースメーカーも、エネルプロム—三國との取引を開始したのである。

世界一の資源大国ロシア、特にその資源の多くはシベリア、つまりはイルクーツク周辺にあり、そのことを考えると資源に関わる機械なども今後どんどん売れるチャンスがあるとエネルプロム—三國は考えている。

フォメンコ社長は「エネルプロムグループにとっては、この合弁事業によって商品ラインナップが増えて、ハイエンドの顧客を獲得できたというメリットのみならず、日本の生産管理のノウハウなどを、合弁事業を通じて得た事が非常に良かった」と述べている。

エネルプロム—三國のカタログ（ロシア語）

エネルプロム—三國のカタログ（ロシア語）

清水社長も「エネルプロム―三國を通じてのロシアでの油圧機械の販売などによって、ロシアの市場が良くわかってきた。将来的にはこの経験を活かして、今、日本国内で作っている製作品を、ロシアで作って輸入するようにしたい」と述べている。

(8) 合弁事業の成功の秘訣

清水社長は、合弁事業の成功の秘訣を「合弁は社長同士の人間的なつながりがすべて。いかに、お互いに信頼関係を築けるかにつきる。その意味からすると、相手も、こちらもオーナーというのが必須条件だと思う。また、ロシアは政治的にどうのこうのというのがあるが、我々のような中小企業がごちゃごちゃやっている分には政治も介入してこない。したがって、オーナー型の中小企業は積極的にロシアにチャレンジすると面白いと思う」と述べている。

また、フォメンコ社長も「日本の企業はロシアとのビジネスに前向きでないせいか、ロシアのことをあまり知らないし、勉強もしていない気がする。是非、もっとロシアのことを勉強して、ロシアに来て、チャレンジしてもらいたい。連絡をいただければ、私が必ず案内します」と熱く語る。

2 日本の優秀な技術をロシアで展開

日本磁力選鉱

（企業データ）
社　　名：日本磁力選鉱株式会社
所 在 地：福岡県北九州市小倉北区馬借三丁目六番四二号
資 本 金：四億四八六〇万円
設　　立：一九四九年二月
代 表 者：原田光久
従業員数：四一一名
事業内容：選鉱・精錬事業、産業廃棄物の処理・処分業、選鉱機器の製作・販売、選鉱に関するコンサルティング業務など

(1) 海外からも注目されるスラグ処理技術

日本磁力選鉱株式会社（以下ＮＭＤ）は、創業以来、スラグを始めとする鉄鋼副産物のリサイクルを主として事業展開をしてきた。

今日の環境重視型・資源循環型社会では、あらゆる産業分野においてリサイクルが当たり前の

こととなり、ＮＭＤが長年培ってきたリサイクル技術や機器・プラントおよび操業ノウハウは、このような社会的ニーズにマッチし、現在では鉄鋼以外の分野にも進出するようになり、国内で一五以上のリサイクル関連工場を運営している。

ＮＭＤの技術、特にスラグ処理に関する技術は非常に高く、海外の企業からも注目されるものとなった。その結果、海外事業部を立ち上げ、韓国、中国、米国などにスラグ処理の海外プラント営業を実施し、一九八〇年の韓国の浦項総合製鉄所を皮切りに韓国・中国を中心にこれまで一〇件以上のプラント設備機器の納入や技術協力・技術指導といった活動を行ってきたのである。

技術協定書にサインする日本磁力選鉱㈱原田取締役（現常務取締役）とチェリャブギプロメズ社オフチンニコフ社長

特に、近年はインドや中国からの引き合いが急増しており、中国では第一鋼鉄（宝山製鉄所のグループ会社）にスラグ処理プラントを納めるとともに、二〇〇五年一〇月には中国側からの強い要望によって、上海開拓磁選金属有限公司という二〇％出資の合弁会社を設立するにいたった。

(2)　ロシアとのスラグ処理ビジネスのきっかけ

実はロシアに関しても、ソ連時代に当時の日商岩井と共同でソ連各地の製鉄所を廻って営業活動を行った経験があり、実際に一九九二年にはウクライナのマキエフカ製鉄所にスラグ処理のプラントを納入した実績もあったが、ソ連解体後のロシアでは、引き合いがあっても資金的な裏付けがまったくなく、結局は話だけに終わることが多く、その後は、引き合いも減少、またNMD自身も国内や韓国、中国でのビジネスが忙しくなり、ロシアにもスラグの山があり、漠然とではあるが、スラグ処理ビジネスのニーズはあるであろうと考えていたが、実際には、積極的なロシアへのアプローチはしなくなっていたのである。

ところが、二〇〇六年にROTOBOの「ロシア企業へのコンサルティング型専門家派遣事業」で新日本製鐵株式会社のOBで現北九州国際技術協力協会（KITA）の工藤氏がロシアのウラル地方の鉄鋼の街、チェリャビンスク市を訪問し、市内に点在する鉄鋼スラグの山を見て、スラグ処理事業を当地のチェリャブギプロメズ社（ロシアの製鉄プラントの設計会社　以下ギプロメズ）と協力することによって事業化できるのではないかとNMDに提案してきたのである。

(3) ロシアからの熱烈なアプローチによって事業化決断

最初は、国内でのビジネスが非常に忙しい時期であったので、どちらかと言えば、NMDとしては、本提案にも消極的であった。しかし、ギプロメズのオフチンニコフ社長が、実際にNMDの本社のある北九州にまで何度も足を運び、事業へのしっかりとした取り組みやNMDの技術に対する高評価および技術のノウハウに対する迅速な対価の支払いなどの提案を非常に熱心にNMDに対して行ってきたため、NMDとしてもこれに応えるべく、二〇〇七年の三月に、原田取締役、樋口本部長、利光部長の三名でチェリャビンスク市を訪問、一週間かけてスラグの状

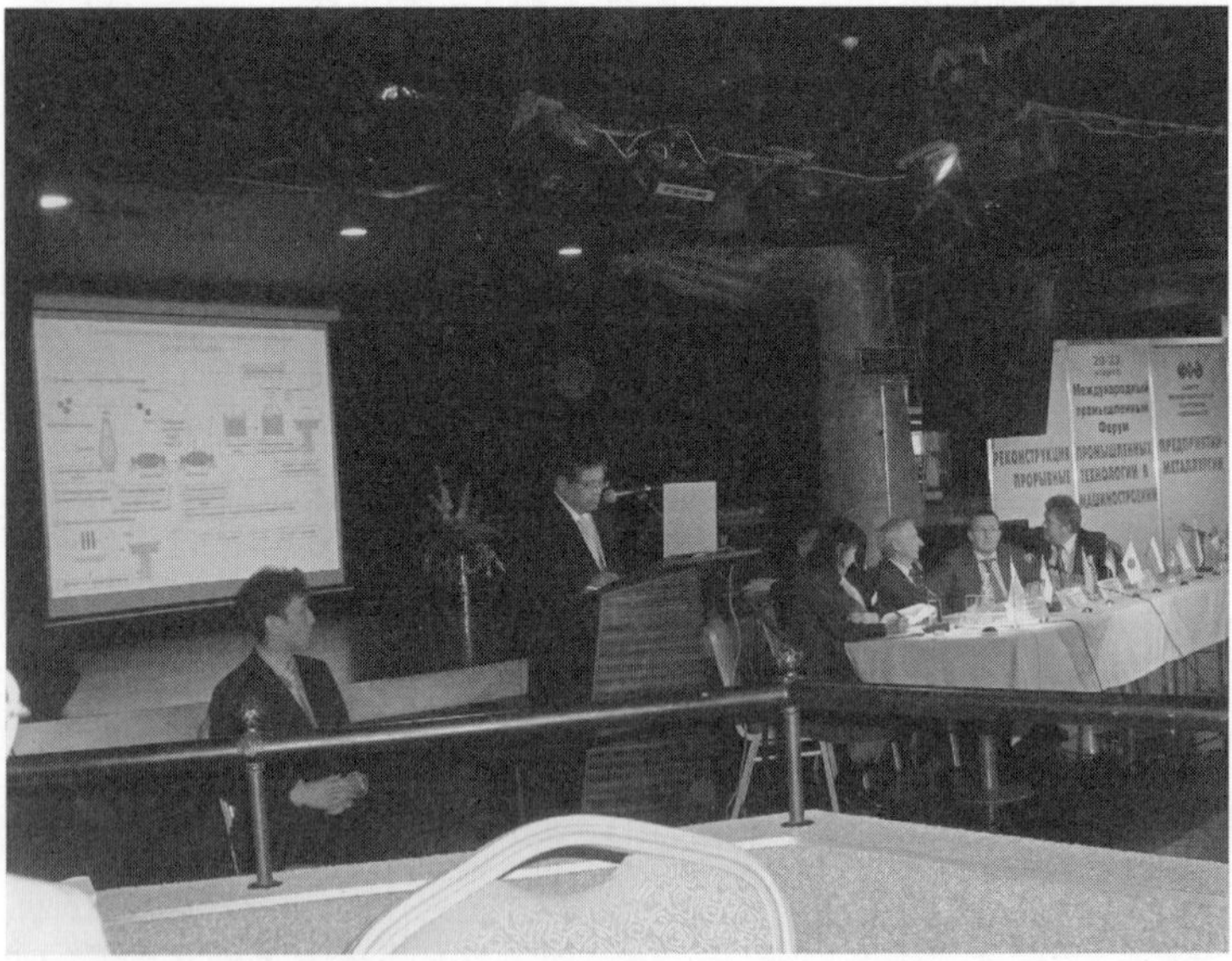

チェリャビンスク鉄鋼フォーラムに於ける
日本磁力選鉱㈱のプレゼンテーション

日本磁力選鉱㈱苅田工場

況やギプロメズ社の内容・実力などを調査したのである。

特に、ギプロメズ社は設計会社ということであったので、実際にスラグプラントを設置、運営することができるのかが心配であった。この点に関しては、やはり現地に行って実際に自分の目や耳で確認することが必要であると考え、その点を調査の重要ポイントとして考えていた。結果としては、ギプロメズは、自社のみならず、エンジニアリング経験のある協力会社を準備しているなど、それなりの体制を整えており、また、ＮＭＤがもう一つの懸念事項と考えていた言葉の問題に対しても日本語のできる協力会社も準備していたのである。そして、このギプロメズのスラグ処理事業にかける熱意とチェリャビンスク市のスラグの状況からＮＭＤも本事業への取り組みを決断した。

日本磁力選鉱㈱泉大津工場

⑷ じっくりと腰を落ち着けてビジネスを

実は、これまでの他の国でＮＭＤが行ってきたスラグ処理事業は、各製鉄所単体からのオファーに基づいて行ってきたものであった。しかし、今回のギプロメズのケースは、製鉄所からのオファーに応えるというものではなく、ロシアにロシア版ＮＭＤ（＝ギプロメズ）を作るということであり、ＮＭＤにとっても初めてのケースとなったのである。したがって、これまでの海外ビジネスと違いビジネス的には化ければ大きくなるが、その分ハードルは高いし、時間もかかると考えている。

そういう意味からも、実は技術ノウハウ料はすでにギプロメズから獲ているが、それをもらって終わりというのではなく、長期的な視点にたってギプロメズと協力して、ロシアでスラグ処理ビジネスをしっかりと育てようと考えて

高磁束磁選機

いる。

そのために、日本の事例をしっかりとギプロメズに学んでもらい、実際にロシアの人がロシアの事情を考慮してロシア人自らが考える事業を進めていく事が重要であると考えている。もちろん、そのためにNMDは惜しみなき協力をしており、ロシアから日本に人を呼んでトレーニングをすることなどを提案している。

また、ギプロメズだけでなく機器を製造するメーカーもしっかりと育成していくことも重要であると考えている。たとえば、ロシアのミルのメーカーを見学したところ、いかにも国営企業が転換した感じで、ライバルメーカーがなく競争原理が働いておらず、機器の価格も日本と変わらないのが現状であった。そういう意味では、日本から機器を輸出しても十分に勝負になり、NMDとしても短期的に見れば、そのほう

ロッドミル

がある意味でメリットがある。ただし、ロシアでスラグ処理ビジネスを長期的に転換することを考えると、それを支えるロシアのメーカーの存在は必須であり、最初の機器は日本から輸出するもので良いが、将来的にはしっかりと技術協力をするのでロシアで作るほうがよいとNMDは考えている。

(5) パートナーがすべて

NMDは現在、中国で前述した合弁事業を展開している。そこで、中国と比較したロシアのイメージを樋口本部長は「中国の人に比べて、ロシアの人のほうが素直に日本人の言うことを聞くと感じた。また、食事などもまったく問題なく、生活する分には中国であろうと、ロシアであろうとあまり変わりないと感じた。ただ、やはり中国（上海）よりも（チェリャビンスクは）距離は遠いですね…」と語る。また、「ロシアを訪問するまでは、暗くて閉鎖的な国ではと思っていたが、実際は、非常に開放的で明るい人々が多い国であることがよくわかった」とも述べている。ただ、ロシアも中国と似ているのは、「政治的にはどうかなあと思う面はやはりある」とも語る。つまり、法治主義国家というよりは、人治主義国家であると感じるようである。そのことを考えると、「そのあたりのことにしっかりと対応できるパートナーが必要であり、今回のギプロメズはその面でも十分に機能を果たしてくれている（オフチンニコフ社長はチェリャビンスク市の市会議員でもある）ので、安心してビジネスを行える」と語っている。

どこの国に進出するときもそうであろうが、信頼できるパートナーを見つけて、そして長期的な視点をもって、じっくりと腰を落ち着けてビジネスを行うこと、結局はこれがロシアでビジネスを成功させる早道となるのである。

ＮＭＤはギプロメズというベストパートナーを得て、ロシアでのスラグ処理ビジネスのパイオニアとなろうとしている。

3 ロシアビジネスの水先案内人 YT&C

（企業データ）
社　　名：有限会社YT&C（ワイティ・アンド・シー）
所 在 地：東京都杉並区方南二丁目四番七号六〇三
資 本 金：一〇万円
設　　立：二〇〇三年
代 表 者：藪本高行
事業内容：ロシア、ウクライナなどを対象とした貿易コンサルティング、日本からのプラント・設備・補修部品などの輸出商談請負、企業調査、工業用部品の輸出業務など

(1) 得意のロシア語でロシアビジネスを支援

有限会社YT&C（以下YT&C）は二〇〇三年、二〇年間勤めた日商岩井（当時）を四十四歳で退職した、自称「一匹狼」の藪本社長が設立したコンサルティング会社、いわば「個人商社」である。藪本社長の専門は法律だが、大学時代に第二外国語でロシア語を学んだ後、ソ連時代のモス

クワ大学に留学。ロシア語は本人によれば趣味である。

商社マンの場合、外国語が二つ三つできて当然と一般的には思われているが、実は商売ができるのは長年の経験と専門知識のお陰で、英語以外の外国語が本当にできる人材は意外と少ないのが実情である。そのなかで藪本社長は機械・プラントを中心とする専門知識もさることながら、ロシア語に関しては日本でも指折りの使い手である。難解を極める機械の技術打ち合わせから、あの手この手の商談はもちろん、契約交渉、各種プレゼンテーションまでロシア語で行ってしまう。藪本社長は「外国語のコツはテンポと気迫」と語る。ロシア企業との契約書などは日本語、英語、ロシア語を駆使し、一人で全部作ってしまうのが特技でもある。元商社マンであるせいか何でもこなし「使い勝手」が良いので、会社設立後もロシアビジネス関連企業から引っ張りだこである。

(2) 人間関係重視のロシアビジネス

藪本社長は、モスクワ大学への留学、通算八年間のモスクワ駐在を含む商社でのソ連・ロシアビジネスの経験のほか、実は奥様がロシア人（モスクワ大学卒業）ということもあって、ただ単にロシアとのビジネス関係のみならずロシア人の気質やロシアの内部事情にもたいへん詳しいのである。

藪本社長によるとロシア人は、表面上はいわゆる西洋人であるが、内面はアジア的なところが強い。つまり、欧米は、契約至上主義のところがあるが、ロシアの場合、契約や会社・企業よりも人間関係、特に交渉する相手との関係を重視するのである。いわば「浪花節」が通用するといっても良い。したがって、ロシア人はビジネスをするうえで、相手の会社が大きい、小さいなどは意外と気にせず、むしろ、ビジネスをする相手を気に入るかによって商売をしていくのである。薮本社長自身も商社マン時代からロシア語が堪能という特技を活かして、また、商売に関係ないことも含めていろいろな日本の文化・伝統に関する情報などを提供したり、「百聞は一見にしかず」、「郷に入っては郷に従え」といったようなロシア人に受ける日ロ共通の諺などを会話にいれたりしながら、「こいつは面白い奴だ」という人間の魅力でロシア人を惹き付けながらビジネスを行っていたのである。

ロシア人は、フェイス・トウ・フェ

ロシア企業の幹部と薮本社長（向かって右端）筆者（向かって左端）

イスの商談が大好きで、サウナに入り、酒（もちろんウォッカ）を飲みながらの商談も多くある。そして、ロシア人は非常に話好きなので、そのような商談の場で、いかに商売相手のロシア人からたくさんの話を聞き出すかもビジネス上の重要なポイントとなるのである。また、注意しなければいけないのは、ロシア人は概してとても「浮気者」で、男であれば女友達をたくさんもちたがるので、一度、仲が良くなり、商売がうまく進みだしたからといっても安心してはいけない。どんなに仲が良くなっても、常日頃からビジネスの相手、特にトップに対して、まめに連絡を取る「気配り」が重要である。また、ロシア人もやはり、自動車や電化製品

日本企業とロシア企業の契約に立ち会う薮本社長

といった日本製品のことは良く知っているが、いまだ、「生きた日本人」のことを知らない人は多い。したがって、皆がアプローチしている企業や地域よりも、日本企業の未開拓であって、結構リッチな地域、たとえば重工業の中心地であるウラル地方、石油リッチなハンティ・マンシ、チュメニのようなところに、直接足を運び、ロシア人に顔を見せることで、ロシアとのビジネスの商機が生まれるであろう。

(3) ロシアビジネスと「交際費」

藪本社長が、ロシアに進出しようとしている企業からよく聞かれることに、ロシアビジネスにおける「交際費」の問題がある。藪本社長自身は、商社時代この手の話にはまったく関係なくビジネスができたという。しかしながら、現状の「新興資本主義国ロシア」では、公務員を中心に基本的な給料が安い上、国民の生活レベルが上がり物価が高騰していることから、ソ連時代以上にこの習慣が強まったようである。実際、官僚、司法、警察などの上から下までこの習慣はいわば「お中元化」、「お歳暮化」しており、この問題をいかにマネジメントするかも、ロシアビジネスとしては重要なポイントである。客に対する「交際費」の問題もある。ただし、日本企業はこの部分に深く入り込むことは、やはり得策ではない。したがって、この点は、契約形態にもよるが、たとえばロシア企業に対する実態のともなった業務委託契約などを結び、その後はすべてロシア側のパートナーに任せることが肝要である。いずれにせよ、ロシアでは、政治(特にお役所)をしっかりと抑えないと商売はなかなか難しいのが現実である。ロシア国内では「交際費」は日本以上に経費処理がしやすいことも付け加えておきたい。

(4) ロシア進出のポイント

藪本社長は、日本企業のロシア進出に際しては、製造業の場合は、自前で投資しての進出、商社（販売会社）の場合は、ロシアの企業との合弁での進出のほうがよいと考えている。

これまでの、ロシアビジネスの経験から、成功している製造業は一〇〇％ロシアでの国内消費を前提として進出している企業が中心であり、そのためには、腹を据えて、ロシア市場にしっかりと根ざすことをしている。一〇〇％自前で投資

宇宙船ソユーズとアポロのドッキング実物地上モデル

するか、合弁であれば、できることなら株の過半数を握っておきたい。これはロシア人に経営権を握られると、製品の品質、生産、納期を日本流にコントロールすることが難しいからである。反面、際限なく投資をするのではなく、期間を決めてその期間で目標を達成できなければ、すっぱりとあきらめるといった、引き際の早さも大切である。ロシア人は、人間関係重視でウェットな部分は多いが、ビジネスライクなことは日本人以上なので、きちんと事情を説明すれば案外ドライに受け止めるものである。

一方、商社（販売会社）の場合に合弁が良い理由は、それはやはりロシア国内の販売網をもつことが商社ビジネスの最重要ポイントだからである。実際に日本企業独自でそれができるかというと、まず不可能であり、ロシアの代理店の販売網を活用せざるを得ないからである。ただし、合弁という話になると、そう簡単にできるのかということになる。実際は、合弁企業を作ること自体はそう難しくはない。ただし、合弁を維持することは非常に大変である。実は、例が適切かどうかは別として、ロシアは離婚率が六〇％とも七五％とも言われており、つまり結婚はするがそれを長い間維持するのは概して苦手なようで、ビジネスもまたしかり、と考えた方が良い。合弁を維持するためには、日本側が忍耐強くロシア側と付き合う以外ないのである。つまり、合弁仲間の身内だからといって約束を守らない、コミュニケーションが悪い（聞かないと言わない）、金を期日どおりに払わない、といったロシア人のややルーズで悪いところには極力理解を示してあげることである。そして、たまに本気で怒ることである。日本人が本当に怒ると、ロシア人は理解して（びっくりして）

それに対する行動を取るのである。アメとムチをしっかりと使い分けることが重要なポイントである。

(5) ロシアビジネス成功の近道

最近、トヨタ自動車をはじめとする多くの日本企業がロシアに進出しているが、以前と違い、メーカーが独自で直接進出することが多くなった。ただし、中堅・中小企業がロシアに単独で進出したり、単独でパートナーとなるロシア企業を探したりすることはいまだに困難なのが現実である。薮本社長は「YT&Cは、個人会社なので大きなオペレーションはできないが、ロシアに初めて進出しようとしている日本の会社にとっては、小回りが利き、一

チェリャビンスクの中小企業（薮本社長撮影）

人で何人もの仕事をこなすわが社のフットワークと経済性が、俄然便利なものと映るはずです」と語る。特にYT&Cの行うロシア企業の調査業務は、一般の信用調査会社によるものと違い、実際に相手の会社のなかに入り、経営者から直接ロシア語で聞き出す「生」情報なので、まだまだ数字が信用できないロシアにおいてはきわめて貴重な「真に迫った」調査が可能である。今後、ロシアビジネスを始める中堅・中小企業にとって、YT&Cのような得意分野をもっているコンサルや商社、機関を水先案内人として動くことがロシアビジネス成功の近道であることは間違いない。

ロシア企業（薮本社長撮影）

4 ロシアから日本へ進出

アビテル・データ

（企業データ）

社　　名：アビテル・データ株式会社
所在地：東京都渋谷区代々木一丁目八番一号
資本金：一〇〇〇万円
設　　立：二〇〇五年
代表者：ボルデレフ・アンドレイ
従業員数：八名
事業内容：コンピュータのソフトウェアおよびハードウェアの開発および販売、コンピュータネットワークの構築、設計および保守、コンピュータシステムの安全設計、通信機器の開発および販売および日ロ企業間のビジネスサポート業務など

(1) 日本との関係で大きく成長

アビテル・データ株式会社（以下アビテル）は、モスクワに本社を置くロシアのＡＢＩＴＥＬグ

ループの日本法人だが、そもそも親会社のＡＢＩＴＥＬとは、現会長のボルデレフ氏がモスクワ航空大学を卒業後、航空産業に携わった後に、一九九一年のソ連の解体にともなって、数名の若手ＩＴエンジニアと立ち上げたＩＴベンチャー企業である。しかしながら、そのＩＴベンチャー企業も、現在ではロシア国内に六社の関連会社を持ち、一二〇名以上の技術者をかかえ、パートナーを含む二四〇名ものエンジニアを投入する能力のある企業グループにまでになっている。この成長の大きなきっかけの一つが、日本の大手企業ＮＥＣとの関係である。一九九四年にＮＥＣと取引を開始し、ＮＥＣのＰＢＸをＡＢＩＴＥＬがロシアの通信事情にあわせてカスタマイズし、ロシアおよびＣＩＳ諸国に販売、保守サービスを展開していったのである。その後、ロシアの鉄道省に信号システムを導入することに成功し、ロシアの大手鉄道会社四社との取引も始まり、現在の経営基盤を確立していったのである。最近での日本との関係では、住友商事のもとでサハリン２の社内音声ネットワークの構築にも携わっている。

(2) 商機ありと考え日本で法人設立

このようにＮＥＣを中心とした日本企業との接点があったうえに、二〇〇四年にＲＯＴＯＢＯの日ロＩＴ交流事業に参加し、日本に実際来てみて、日本のＩＴ関連の人々と会って、日本のＩＴ市場の状況を調べてみると、自分たちの得意分野であるセキュリティーやコミュニケーションの関係で、競合製品や日本独特の細かな顧客要求はあるものの、市場性としては高いので、十分に商

情報流出防止

ロシアVB、日本参入

アビテル・データ　東京に事務所

ロシアのIT(情報技術)ベンチャー、アビテル・データ(本社モスクワ)は、日本の情報セキュリティー市場に参入する。ネットワーク上での個人認証や文書保護、メール監視システムなど、重要情報の外部流出を防ぐ技術を売り込む。個人情報保護への意識が高まっていることから、拡大する日本の需要獲得に攻勢をかける。

このほど東京・代々木に事務所を開設した。高度なセキュリティーレベルが求められる大学などの研究所や、複雑なシステムを必要とする企業を中心に顧客を開拓する。デジタル機器を制御する組み込みシステムや無線通信、ロボットラインの制御システムの分野での受注も目指す。二〇〇六年の日本での売上高百万ドルを見込む。

ロシアのベンチャー企業と業務提携し、対象企業は問わず幅広い業種に対応するという。

アビテル・データは従業員約百人で、〇四年の売上高は約千五百万ドルだった。ロシア国内では、モスクワ市警察やロシア中銀などから受注した実績を持ち、「低価格を売り物にするインドや中国の企業との違いを出す」(ボルデレフ会長) 考えだ。

東京事務所は初の国外進出先になる。

日経産業新聞2005年12月8日

機があると考え、二〇〇五年に日本法人のアビテルを設立したのである。通常のロシアＩＴ企業は、カスペルスキー社（ＫＧＢで開発したと言われるセキュリティーソフトの開発会社）などの一部の大手企業を除いては、言葉やメンタリティーの問題で、日本とのビジネスはなかなか難しいと二の足を踏むものである。ところが、ＡＢＩＴＥＬグループは、ロシアおよびＣＩＳ諸国では事業を積極的に展開しているものの、その他の外国では日本以外にはまったく進出していない。それだけ、ボルデレフ会長の日本への思い入れは強く、二〇〇六年の訪日は七回を数え、二〇〇七年は一〇回以上の訪日を予定している。

(3) やはり日ロの壁はある

日本進出当初は、日本のマスコミにも取り上げられ、いくつかの日本企業からの引き合いもあり順風満帆に事業が進むかに見えたが、その後やはり日ロの壁に阻まれて、思うように事業が進まないときがあった。実は、言葉の問題など想定される日ロの壁に関しては、たとえば日本語の使えるスタッフを配置するなどして、しっかりと準備はしていたのだが、市場の動向などが当初の想定よりも少し違うと感じることがあったのである。特にアビテルにとって想定外であったのは、ロシアではＩＴに関わるのは一部の専門家のみであるが、日本の場合は、もっと幅広い人々がＩＴに関わっており、それら専門家ではない人や一般ユーザーからの細かな要求に対して製品を作り直さなければ売れないということであった。ボルデレフ会長は「この二年間はあくまでスタートアップ段階。我々は良い勉強と経験をした」と、あくまで前向きに語る。

(4) 日ロの架け橋

現在、アビテルは自分たちの経験を活かして、ＩＴ関連分野以外の領域も含めて、日本へのロシア企業やロシアの技術・製品の紹介やロシアに進出しようとする日本企業のサポートビジネスなどを手がけている。ボルデレフ会長は「日本とロシアの間には、情報の真空化があるのが自分たちの経験でよくわかった。この真空化をアビテルが少しでも埋めることができれば、日ロの企業、特に中堅・中小企業にはたいへん役に立つことになると思う」と熱く語る。また、ボルデレフ会長の日本における将来の夢は、アビテルがＩＴ分野で日本の人にロシア企業として、日本の地で認められる企業になるとともに、ＩＴ以外の分野でも、民間企業として、日本の企業とロシアの企業との間で、販売や技術提供など、いくつもの架け橋を作る企業となることである。このボルデレフ会長の日本に対する熱き思いと同様の熱き思いを、ロシアに進出を考える日本企業の経営者が、ロシアに対してもつことが、案外、ロシアビジネス成功の原点になるのである。

商談成立後のひととき。右からボルデレフ会長、ソコロフ取締役、クリスＩＴブリッジ・マネージャー（左端）

名通訳のミルゼノヴァ・ビジネスブリッジマネージャー（左から2人目）

Column

ロシア料理　この一品　⑤

ペリメニ　Пельмени

一般に日本で知られているロシア料理というと、「ボルシチ」や「ビーフストロガノフ」といった、いかにも西洋料理的なものが多いが、実際にロシアに行くとユーラシアに広がる広大な領土の関係からか「ラグマン」という肉うどんスープや「マンティ」というまさに中国の饅頭（マントウ）のようなアジア的な料理も多くある。このようなアジア的な料理のなかで、多くのロシア人が日常的に食べているのが「ペリメニ」であろう。

ペリメニは、細かく刻んだ肉をパン生地で包んだ料理だが、簡単にいうとロシア風の水餃子である。中身の具は、牛や豚やマトンといった肉類を使うのが一般的だが、レストランや家庭によってはそれらの肉を混ぜ合わせたり、海老や魚肉、きのこなどを使ったりといろいろなバリエーションが楽しめる。ペリメニのルーツは、ウラルの先住民族の料理であったというウラル起源説やシベリアのアジア系民族の料理であったとするシベリア起源説など諸説あるが、今ではロシアのレストランや家庭で季節を問わず食卓にのぼり、老若男女誰もが大好きな料理の一つである。実際、ロシア人はたっぷりの具を日本の餃子の皮よりは少し厚めの皮に包んだペリメニに、ロシア料理の定番であるスメタナ（ロシア風サワークリーム）やバターをかけて本当によく食べる。筆者もペリメニが大好物で、ロシアに出張するたびに必ず食べている。食べた瞬間に口のなかに一杯に広がる肉と肉汁の旨み、これが、まさにペリメニの真骨頂であろう。

筆者が食べた最も美味しかったペリメニは、ペリメニの本場、ウラル地方のチェリャビンスクで食べたウラル餃子（ペリメニ）である。牛、豚、マトン、鴨など何種類ものペリメニが出てきたが、一番美味しかったのは、うさぎの肉のペリメニであったと記憶する。また、ペリメニをスメタナやバターではなく、醤油やお酢で食べると、また少し違った感覚で美味しいのである。邪道かもしれないが、是非、レストランでペリメニを注文するときに、あわせて醤油もオーダーしてみよう。

（畦地裕）

あとがき

本編で述べたように、私が初めてロシアを訪問したのは二〇〇三年三月であったが、その訪問直前、神戸の実家の七〇歳を越えた母親に「今度、ロシアのシベリアのイルクーツクというところに出張で行くことになった」と告げると「あんた、そんなところに行って、無事、生きて帰ってこれるのか」と真剣に心配されたのであった。

私の母親の事例は、少し極端かもしれないが、その当時、私自身さえもロシアについては、スターリンの粛清、シベリア抑留、北方領土問題、KGB、チェルノブイリの原発事故、007のスパイなど、どちらかと言うとソ連時代を中心としたネガティブなイメージや情報しかもっておらず、少なからず不安感を持ってのロシアへの出発であった。

一方で、この年には米国の大手証券会社のゴールドマンサックスが今後の世界経済を引っ張っていく国はブラジル、ロシア、インド、中国であるという、いわゆる、BRICs論をレポートのなかで発表し、世界的にもロシアへの注目が集まり始めた年でもあったために、私自身もロシアに対して少しの興味をもち始めた時期でもあった。

その後のロシアは、読者の皆様もご存知のように、原油高に支えられて経済の高成長が続き、また、経済分野以外でも、テニスのシャラポワ選手の活躍などによって世界中からの注目される国となり、その成長と注目度のアップは現在進行形である。

私は、そんなロシアという国に対して、「なんだか景気が良さそうで、興味はあるのだが、あまり良く知らないし、付き合うのには少し不安だな……」といった、まさに初めての訪ロ当時の私の心境と似たような日本の中堅・中小企業が実に多く存在していると感じていた。

そこで、このような中堅・中小企業が、ロシアビジネスへの第一歩を踏み出せるように、背中を押してあげることのできるような情報提供ができればと考え、私をロシアに導いてくれた、社団法人ロシアＮＩＳ貿易会の仲間に声をかけて、本書を執筆することにした。

バブル崩壊後の日本の停滞した経済のなかで苦戦している中堅・中小企業にとって、成長するロシアは希望の新大陸となりうる可能性を大いに秘めている。是非、本書を読んで、一社でも多くの中堅・中小企業がロシアとのビジネスに踏み出すことができれば幸甚である。

二〇〇八年一月

三菱ＵＦＪリサーチ＆コンサルティング株式会社

畦地　裕

や 行

ら 行

は　行

ま　行

た　行

な　行

さ 行

索　　引

英語

あ　行

か　行

著者略歴

岡田　邦生（おかだ　くにお）
社団法人ロシアNIS貿易会　ロシアNIS経済研究所　次長
1959年生まれ。1986年創価大学大学院文学研究科社会学専攻国際社会論専修博士前期課程修了。在学中に南フロリダ大学、モスクワ大学に留学。
1986年社団法人ソ連東欧貿易会調査部研究員、1991～1996年同主任、調査役、1996～2001年同モスクワ事務所長、2001年より現職。
この間、一貫して旧ソ連諸国の経済動向を調査・研究。また、日本と同諸国との各種経済交流拡大事業に従事。
（財）国際貿易投資研究所ロシア・極東地域経済研究会委員、創価大学非常勤講師。
共著に『ロシア・CIS経済ハンドブック』（全日出版）、"Russia's Far East: A Region at Risk"（University of Washington Press）など。

畦地　裕（あぜち　ゆたか）
三菱UFJリサーチ＆コンサルティング株式会社　コンサルティング事業本部
総合コンサルティング部　チーフコンサルタント
1962年生まれ。1985年関西学院大学法学部法律学科卒業。
ヤンマー株式会社、株式会社フジクラ、株式会社INAXに勤務後、国内独立系コンサルティングファーム、国内大手メーカー系シンクタンクを経て、2001年より現職。
現在、ロシアを含んだ国内外の中堅・中小企業を対象とした経営指導・戦略立案及び営業力強化などに関するコンサルティングを実施。

芳地　隆之（ほうち　たかゆき）
社団法人ロシアNIS貿易会　ロシアNIS経済研究所　調査役
1962年生まれ。1985年中央大学文学部独文学専攻卒業。卒業後にベルリン・フンボルト大学に留学。ベルリンの壁崩壊、東欧諸国の体制転換、ソ連解体を現地で経験。
1992年社団法人ロシア東欧貿易会ロシア東欧経済研究所研究員、2000～2003年在ドイツ日本大使館経済専門調査員、2003年より現職。
近年、日本企業のロシアビジネス動向のウォッチ、ロシア市場に関心の高い日本の中小企業を中心としたビジネスマッチングのサポートに従事。
著書に『ぼくたちは［革命］のなかにいた』（朝日新聞社）、『ハルビン学院と満洲国』（新潮選書）など。

中居　孝文（なかい　たかふみ）
社団法人ロシアNIS貿易会　ロシアNIS経済研究所　調査役
1965年生まれ。1992年新潟大学人文科学研究科修了。
1992年社団法人ソ連東欧貿易会ソ連東欧経済研究所研究員、2002～2005年外務省新独立国家室（現中央アジア・コーカサス室）へ出向、2005年より現職。
この間、一貫してロシア、中央アジア諸国の経済動向の調査等に従事。
共著に『ロシア 森林大国の内実』（J-FIC）。

著者との契約により検印省略

平成20年2月29日　　初版第1刷発行

ロシアビジネス成功の法則

著　者	岡田邦生
	畦地　裕
	芳地隆之
	中居孝文
発行者	大坪嘉春
製版所	松澤印刷株式会社
印刷所	税経印刷株式会社
製本所	株式会社　三森製本所

発行所　東京都新宿区下落合2丁目5番13号　株式会社 税務経理協会

郵便番号 161-0033　振替 00190-2-187408　電話(03)3953-3301（大代表）
FAX(03)3565-3391　(03)3953-3325（営業代表）

URL http://www.zeikei.co.jp/

乱丁・落丁の場合はお取替えいたします。

ISBN978-4-419-05069-6　C2033